Schüßler-Salze für Hunde

Wirkung | Dosierung | Anwendung

D1723273

Kaja Kreiselmeier

Schüßler-Salze für Hunde

Wirkung | Dosierung | Anwendung

Grundlagen und Hintergründe

Was sind Mineralsalze?

Bei den Wörtern »Mineralien« oder »Mineralstoffe« denken die meisten an Kalzium, Magnesium, Kalium, Eisen und Co. Diese werden in Mengenelemente, wie z. B. Natrium, Magnesium, Kalium, Kalzium, und Spurenelemente (sind im Körper nur in Spuren enthalten), wie z. B. Eisen, Selen, Fluor, unterschieden. Aber außer diesen recht bekannten Einzelstoffen enthalten Körperzellen auch sogenannte Mineralsalze.

Diese Mineralsalze bestehen, wie alle Salze, aus kleinsten Teilchen, den Ionen, und setzen sich (bis auf wenige Ausnahmen, wie z. B. Silicea, Selenium) aus einem Metall- und einem Nichtmetall zusammen. Metallanteile sind z. B. Kalzium, Kalium, Eisen, Magnesium, Natrium, Silizium (Silicea), die Nichtmetallanteile sind z. B. Phosphat, Sulfat, Chlorid, Fluorid.

Das Schüßler-Salz Nr. 1 Calcium fluoratum besteht z. B. aus dem Mengenelement/Metallanteil Kalzium und dem Spurenelement/Salzanteil Fluor. Wobei man mit der Begrifflichkeit Mineralsalze vorsichtig sein muss, denn in der Ernährungswissenschaft werden gerne auch mal Einzelstoffe wie Kalzium als Mineralsalz bezeichnet, also lassen Sie sich nicht verwirren.

Mineralstoffe und Mineralsalze spielen in unserem und im Leben unserer Hunde eine sehr bedeutende Rolle. Es sind lebensnotwendige anorganische Stoffe, die mit der Nahrung aufgenommen werden, da der Körper sie nicht selbst herstellen kann. Sie sind, wie schon erwähnt, Bestandteil unserer Zellen und unter anderem wichtig für die Funktionen unserer Organe. Kommt es zu einer Störung des Mineralhaushaltes im Körper, gerät dieser aus dem Gleichgewicht und erkrankt. Die Gabe der richtigen Schüßler-Salze hilft dem Körper, dieses Gleichgewicht wiederherzustellen.

Hunde und Mineralsalze

Im Laufe der letzten Jahre bzw. Jahrzehnte haben sich immer mehr naturheilkundliche Therapien in der Anwendung bei Tieren erfolgreich durchgesetzt. Mittlerweile arbeiten sogar viele klassisch ausgebildete Tierärzte mit diesen sogenannten alternativen Heilmethoden. Doch viele dieser Methoden wie z. B. Akupunktur, klassische Homöopathie oder auch die Blutegeltherapie setzen fundierte Kenntnisse voraus und sollten deshalb nur von ausgebildeten Heilpraktikern oder Tierärzten durchgeführt werden.

Aber es gibt auch einige Heilmethoden, die Hundebesitzer selbst anwenden können. Hierzu gehört die Therapie mit Schüßler-Salzen, da sie eine übersichtliche, leicht zu handhabende und fast nebenwirkungsfreie Methode ist, unseren lieben Vierbeinern zu helfen.

Wie alle Lebewesen sind auch unsere Hunde darauf angewiesen, dass sie ideal mit Mineralstoffen versorgt werden. Dies ist aber leider nicht immer möglich. Fütterungs-, stress- und krankheitsbedingt können Mängel auftreten, die sich wiederum in Symptomen und Krankheiten äußern.

Was man über den Mineralstoffwechsel des Körpers wissen sollte

Mineralien und Mineralsalze werden für die verschiedensten Funktionen des Körpers benötigt. Sie dienen unter anderem zur Regulierung der Stoffwechselvorgänge, unterstützen den Körper bei der Entgiftung und werden zur Zellerneuerung gebraucht. All diese Funktionen können nur gewährleistet werden, wenn der Mineralstoffwechsel ausgeglichen funktioniert.

Die Voraussetzungen für einen gut funktionierenden Mineralstoffwechsel und somit einen gesunden Hund sind folgende:

> ausgewogene Ernährung mit ausreichender Mineralienversorgung
> gesunde Körperzellen, Organe, Knochen und Gewebe, die die Mineralien optimal speichern und verwerten können
> ein Gleichgewicht zwischen Speicherung und Verbrauch/Abbau der Mineralien

Störung des Mineralhaushaltes

Eine kurzfristige Störung bzw. ein erhöhter Bedarf an Mineralien/Mineralstoffen stellt für den Körper erst einmal kein Problem dar. Dafür hat er ja im Laufe der Zeit genügend Stoffe als Reserve gespeichert. Erst bei längerem Mangel kommt es zu Symptomen und Erkrankungen.

Der Körper beginnt zunächst, die Mineralstoffe aus den Körpersubstanzen abzubauen, wie z. B. bei den Schüßler-Salzen Nr. 1 und 2 aus den Knochen und bei Nr. 11 aus Haut und Haaren. Genau an diesen Körperregionen kommt es nun zu ersten Symptomen, wie z. B. bei einem Silicea-Mangel zu schlechtem Fell und Krallenhorn.

Zu einem im Blut nachweisbaren Mangel kommt es erst sehr spät, wenn die Speicher erschöpft sind und meist schon massive Symptome auftreten. Daher ist es durchaus möglich, dass die Blutwerte normal sind, obwohl ein Mineralstoffmangel und daraus resultierende Symptome bereits vorhanden sind.

Wie kann es zu einer Störung kommen?

Auslöser bzw. Ursachen für eine Störung können sein:

> Mangelernährung

> Krankheiten

> Stress

> thermische Reize (Hitze, Kälte)

> Giftstoffe

Aus diesem Grund sollte man immer auf eine ausgewogene und naturnahe Ernährung seines Hundes achten, um ihm so die Möglichkeit zu geben, genügend Mineralstoffe mit der Nahrung aufzunehmen. Aber Vorsicht: Ein Überangebot an Mineralien und Spurenelementen (z. B. durch die übertriebene Gabe von Zusatzfuttermitteln) kann wiederum auch krank machen.

Wie wirken Schüßler-Salze?

Der Grundgedanke der Therapie:

»Jede heilbare Erkrankung ist auf einen Mangel an bestimmten Mineralstoffen zurückzuführen und lässt sich durch die Zufuhr von diesen heilen.«

Die Gabe der richtigen Schüßler-Salze gleicht einen vorhandenen Mangel aus, indem sie den Organismus dazu anregen, die mit der Nahrung aufgenommenen Mineralien besser zu verwerten und zu speichern.

So helfen die Salze dem Körper, sich selbst zu heilen. Die Salze dienen demnach als Funktionshersteller, deshalb haben sie auch den Beinamen »Funktionsmittel«.

Dr. med. Wilhelm Schüßler war es wichtig, eine für Laien zugängliche, einfache und übersichtliche Therapieform zu erschaffen.

So entstand mit der Schüßler-Salze-Therapie eine sehr übersichtliche, sanfte, aber dennoch sehr tief greifende Therapieform, die eine Umstimmung des gesamten Körpers bewirkt. Durch ihre tief greifende Wirkung beeinflussen Schüßler-Salze nicht nur den Körper, sondern auch die Psyche.

Ebenso wie z. B. die Homöopathie oder Kräuterheilkunde ist die Therapie mit Schüßler-Salzen eine alternative, natürliche Heilmethode. Sie wird mittlerweile seit über 100 Jahren erfolgreich in der Therapie der verschiedensten Erkrankungen des Menschen eingesetzt.

Die Behandlung von Tieren wird zwar auch schon genauso lange betrieben, aber wirklich populär ist sie in diesem Bereich erst in den letzten Jahrzehnten geworden. Aus diesem Grund kann man leider auf noch nicht so viele Erfahrungen zurückgreifen wie in der Humanheilkunde.

Ersetzt nicht den Tierarzt oder Heilpraktiker

Bei richtiger Anwendung sind die Salze so gut wie nebenwirkungsfrei und haben auch kaum Wechselwirkungen mit anderen Therapien.

Anders sieht es bei Mineralien und Spurenelementen aus. Werden sie überdosiert, kann es zu erheblichen Störungen des Organismus kommen und in der Folge zu Symptomen und Erkrankungen. Deshalb sollte man nie ohne Grund (z. B. bei einen durch ein Blutbild belegten Mangel) große Mengen Mineralien verfüttern.

Trotz aller Vorteile der Schüßler-Therapie ersetzt sie nicht den Tierarzt oder Heilpraktiker, deshalb gilt:

Der Anwendung von Schüßler-Salzen sollte immer eine genaue Diagnose durch einen Tierarzt oder Heilpraktiker vorausgehen. Nur so ist gewährleistet, dass schlimmere Erkrankungen ausgeschlossen werden können, bevor man die Behandlung mit den Salzen beginnt. Darüber hinaus ist die richtige Diagnose wichtig, um das passende Salz für die jeweilige Erkrankung auszuwählen.

Die Geschichte der Schüßler-Salze

Benannt wurde diese Therapieform nach ihrem Begründer Dr. med. Wilhelm Heinrich Schüßler, der 1821 in der Nähe von Oldenburg geboren wurde.

Schon früh interessierte er sich für die Lehren von Samuel Hahnemann und die damit verbundenen homöopathischen Therapien. Mit über dreißig Jahren begann er sein Medizinstudium, das er 1857 mit Staatsexamen abschloss. Nach seinem Studium eröffnete er 1858 eine eigene Praxis und arbeitete von nun an als homöopathischer Arzt.

Nach einigen Jahren Praxiserfahrung begann er jedoch, die homöopathischen Theorien kritisch zu betrachten. Er warf der Homöopathie vor, dass immer neue Mittel auftauchten und andere verworfen wurden. Es gab auch zur damaligen Zeit schon hunderte von Mitteln, sodass es in einem akuten Notfall fast unmöglich war, schnell das Richtige zu finden. Aus diesem Grund war es Schüßlers erklärtes Ziel, eine einfache und auch für den Laien zugängliche Therapie zu entwickeln.

Zwölf Mineralsalze als therapeutische Mittel

Angeregt durch die neuesten medizinischen und biochemischen Erkenntnisse und Forschungen, die die Wirkung von Mineralsalzen auf die Körperzellen und den Organismus beschrieben, begann er in diesen Bereichen zu forschen. Er untersuchte die Asche von Verstorbenen auf ihren Gehalt an Mineralstoffen und stellte einen Zusammenhang zwischen Mineralienmangel und den Erkrankungen der Verstorbenen her. Nach einiger Zeit gelang es ihm herauszufinden, welche Mineralstoffe hauptsächlich im Körper vorkommen, welche Aufgaben sie haben und welche Erkrankungen durch einen Mangel ausgelöst werden.

So fand er seine zwölf Schüßler-Salze, mit denen er von nun an arbeitete. Eines davon verwarf er jedoch kurz vor seinem Tod, weil er sich nicht sicher war, ob es wirklich dauerhaft im Körper vorkommt. Deshalb werden in seinem 1873 veröffentlichten Werk »Eine abgekürzte Therapie« neben seinen Lehransätzen nur elf Salze und ihre Wirkung beschrieben.

Kurze Zeit nach seinem Tod fand man heraus, dass dieses Salz durchaus im Körper vorkommt, und so wurde es wieder ergänzt und ist heute die Nummer 12, »Calcium sulfuricum«. Alle Salze sind in alphabetischer Reihenfolge geordnet, außer ebendem Salz Nr. 12, weil es erst später wieder hinzugefügt wurde.

Anerkennung und Weiterentwicklung der Schüßler-Therapie

Gerade zu Anfang seiner Forschungen und seiner ersten Veröffentlichungen zum Thema Mineralsalze wurde Schüßler von Homöopathie-Kollegen stark angegriffen. Doch auch seine größten Kritiker sahen nach einiger Zeit, dass er mit dem, was er tat, Erfolg hatte, und wurden still. Sogar Samuel Hahnemann erkannte, dass einige seiner Mittel durch die Hinzugabe von Mineralstoffen wirksamer wurden.

Schüßler starb am 30. März 1898 im für damalige Zeiten stolzen Alter von 77 Jahren. Nach Schüßlers Tod fand man im Zuge der modernen Forschung noch viele weitere Mineralstoffe im menschlichen und tierischen Organismus. So wurden die Schüßler-Salze um weitere 15 Salze ergänzt, die man als Ergänzungsmittel bezeichnet. Diese 15 Salze haben allerdings nie den Status der zwölf Hauptsalze erreicht.

Der Weg zur Anwendung beim Tier

Ende des 19. Jahrhunderts begann der Tierarzt Dr. F. Meinert, sich mit Schüßler-Salzen zu beschäftigen. Nachdem er die Salze in seiner Praxis erfolgreich einsetzte, schrieb er das Buch »Leitfaden zur biochemischen Behandlung unserer kranken Haustiere«. Lange Zeit wurde es dann still um die Salze, bis eine Kopie des Werkes zum Schüßler-Therapeuten Friedrich Bartelmeyer gelangte. Dieser veranlasste einen Nachdruck des Buches und so ist es wieder erhältlich. Vor einigen Jahren folgten dann weitere Bücher von anderen Autoren zum Thema. Seitdem ist die Schüßler-Therapie sehr beliebt und ein wichtiger Bestandteil der naturheilkundlichen Therapien beim Tier.

Wurzeln in der Homöopathie

Obwohl Schüßlers Therapiekonzept seine Wurzeln in der Homöopathie hat, gelten für die Schüßler-Salze andere Wirkprinzipien. Dies betrifft z. B. das Ähnlichkeitsprinzip, oder auch Simile-Regel genannt, auf dem die gesamte klassische Homöopathie von Hahnemann beruht. Dies war eher eine Zufallsentdeckung. Hahnemann las, dass Chinarinde gegen Magenschmerzen helfen solle, und nahm diese ein. Doch anstatt zu helfen, verursachte die Einnahme schwere Symptome. Es wurde ihm zunächst kalt, dann war er matt und schläfrig, sein Herz raste, er wurde ängstlich und zitterte.

Er bekam Fieber mit Klopfen im Kopf und rote Wangen, Durst und steife Gelenke. All diese Symptome kannte er von einer vergangenen Malariaerkrankung und überlegte, ob Chinarinde nicht bei Malaria helfen könne. Er gab Malariaerkrankten Chinarinde – und es half. Doch da manche Patienten heftig auf die Chinarinde reagierten, beschloss er, sie zu verdünnen, und hatte damit großen Erfolg (so entstand die Potenzierung). Von nun an begann Hahnemann, gesunden Menschen die verschiedensten Mittel zu geben, und notierte sorgfältig, welche Symptome sie erzeugten. Genau bei diesen Krankheitssymptomen setzte er ab diesem Zeitpunkt die Mittel mit großem Erfolg ein.

Um das Ganze noch etwas anschaulicher zu gestalten, hier noch zwei Beispiele:

> Hat ein Kranker Symptome wie Schwindel, Übelkeit, Erbrechen und einen roten Kopf, hilft ihm das homöopathische Mittel Belladonna (Tollkirsche). Wenn hingegen ein Gesunder Tollkirschen isst, entwickelt er ähnliche Symptome wie der Kranke, z. B. Schwindel, Übelkeit, Erbrechen usw. Hier verursacht also die Tollkirsche ähnliche Symptome, wie sie der Erkrankte hat, es wird demnach Ähnliches mit Ähnlichem behandelt.

> Ein Hund wird von einer Wespe gestochen, doch anstatt jetzt homöopathisch aufbereitetes Wespengift (Vespa) zu geben, verabreicht man Bienengift (Apis), also etwas Ähnliches.

Unterschiede zur Homöopathie

> Bei der Schüßler-Salze-Therapie wird nicht mit dem Ähnlichkeitsprinzip gearbeitet, sondern es wird Fehlendes ergänzt.

> Es werden nur Stoffe (Salze) verwendet, die im menschlichen Körper vorkommen. In der Homöopathie ist das anders, hier werden auch Pflanzen, Gifte, tierische Substanzen usw. eingesetzt.

> Es gibt keine Erstverschlimmerungen. Bei homöopathischen Mitteln in hohen Potenzen (C30 aufwärts) kann es zu einer Erstverschlimmerung der Symptome kommen. Diese bildet sich zwar meist schnell zurück, aber trotzdem sollten hohe Potenzen nur in Absprache mit einem Therapeuten verabreicht werden.

> Die Salze gibt es in festgelegten Potenzen, entweder D6 oder D12. In der Homöopathie entscheidet man von Fall zu Fall, welche Potenz gewählt wird.

> Schüßler-Salze werden viel höher dosiert. Bei der klassischen Homöopathie werden manchmal nur ein einziges Mal einige Globuli gegeben.

Die Anwendung von Schüßler-Salzen

Wie erkenne ich einen Mineralsalzmangel bei meinem Hund?

Einen Mineralsalzmangel erkennt man an
> Symptomen/Erkrankungen, die Ihr Hund zeigt
> körperlichen Veranlagungen (wie z. B. einer Neigung zu Verhärtungen)
> körperlichen Merkmalen wie Abmagerung, Zustand des Fells, Juckreiz etc.
> psychischen Auffälligkeiten

Beim Menschen ist es etwas einfacher. Hier gibt es die sogenannte Antlitzdiagnose des Gesichtes, bei der Hautfarbe, -beschaffenheit, -falten, Verfärbungen im Gesicht etc. Aufschluss darüber geben, welches Salz im Körper fehlt. Leider lassen sich diese Merkmale beim Hund nur bedingt erkennen.

Bei welchen Erkrankungen kann man Schüßler-Salze anwenden?

Für fast alle Erkrankungen lässt sich das richtige Salz finden. Genau das war ja auch Dr. Schüßlers erklärtes Ziel; mit wenigen Mittel eine Vielzahl von Erkrankungen behandeln zu können und so eine einfache und übersichtliche Therapieform zu erschaffen. Dennoch sei davor gewarnt, bei schweren oder akuten Erkrankungen seinen Hund im Alleingang zu behandeln. Hier sollten Schüßler-Salze nur als Unterstützung zur tierärztlichen Behandlung gegeben werden.
Bei einigen Erkrankungen hat sich auch die prophylaktische Gabe von Salzen bewährt. Nähere Informationen finden Sie bei den jeweiligen Salzen.

Wie finde ich das richtige Salz für meinen Hund?

Prinzipiell ist es sinnvoll, sich als Allererstes mit allen zwölf Hauptsalzen vertraut zu machen und deren Hauptwirkbereiche kennenzulernen. So lassen sich später besser die richtigen Salze finden.

In der Schüßler-Salze-Therapie kann man mehrere Wege einschlagen, um das richtige Salz zu finden. Eine Möglichkeit ist es, Krankheit XY mit dem dafür empfohlenen Salz Nr. XY zu behandeln, doch bei vielen Erkrankungen findet man gleich eine Reihe von Salzen, die helfen können. Was nun?

Körperliche und psychische Merkmale weisen den Weg

Hier kommt der Ansatz der meisten naturheilkundlichen Therapien zum Einsatz, »die Betrachtung der Ganzheitlichkeit«. Mit Ganzheitlichkeit ist gemeint, dass man nicht nur Symptome oder spezifische Erkrankungen behandelt, sondern Körper und Psyche als Ganzes betrachtet.

Welche körperlichen Merkmale hat mein Hund? Ist er zu dünn? Zu dick? Sind seine Muskeln straff oder zu schlaff? Wie ist seine Haut? Wie sehen seine Ausscheidungen aus? Welche Erkrankungen hat er aktuell, welche hatte er schon in seinem Leben? Ist er ängstlich oder selbstbewusst? Dominant oder unsicher? All diese Dinge können helfen, das richtige Mittel zu finden.

Wie schon erwähnt, haben sich in der Humanmedizin bei der Therapie mit Schüßler-Salzen vor allem die sogenannten Antlitzdiagnosen zur Mittelfindung bewährt. Anhand von körperlichen Merkmalen wie Haar-, Zungen-, Haut- und Nagelveränderungen erkennt der erfahrene Therapeut sofort, welches Salz dem Patienten fehlt.

Typische Merkmale von Calcium phosphoricum sind zum Beispiel eine wächserne oder käsige Färbung der Haut in bestimmten Bereichen des Gesichtes, die Zunge ist pelzig, weißlich belegt, der Geschmack im Mund eher süßlich. Aber auch die Gesamtkonstitution wird beurteilt. Menschen mit Mangel an Salz Nr. 2 sind schlaksig, dürr, matt und eher schwächlich veranlagt. Psychisch sind Patienten, die an einem Mangel von Salz Nr. 2 leiden, eher furchtsam und schreckhaft.

Genauso ist es auch bei unseren Hunden, nur leider stehen uns hier nicht so viele äußerliche Merkmale zur Verfügung wie bei den Menschen. Zum Beispiel lässt sich die bei Menschen für die Mittelfindung so wichtige Hautfarbe bei Hunden schwieriger bestimmen. Bei den psychischen Merkmalen ist es etwas einfacher, hier können die meisten Besitzer viel über ihre Hunde erzählen.

Gut zu wissen

1. Die Erkrankung mit dem dafür vorgesehenen Salz behandeln, wenn nur ein Mittel eindeutig infrage kommt.

2. Wenn zu viele Salze in Betracht kommen, helfen folgende weitere Merkmale:

> Farben und Konsistenz evtl. vorhandener Absonderungen/Auswurf

> Psyche

> Mangelerscheinungen/Hundetypus

> Dauer der Erkrankung

Da, wie bereits erwähnt, die Schüßler-Salze-Therapie bei Hunden noch eine recht neue Therapieform ist, kann man leider noch nicht auf so viele Erfahrungen wie in der Humanheilkunde zurückgreifen. Trotzdem finden Sie bei jedem der zwölf Hauptsalze Beschreibungen zum jeweiligen Hundetyp. Auch wenn sie vielleicht nicht so ausführlich wie beim Menschen sind, sind sie trotz allem eine große Hilfe, das richtige Mittel zu finden.

Herstellung und Potenzierung von Schüßler-Salzen

Als Potenzierung bezeichnet man die Verdünnung des Ursprungstoffes in einem bestimmten Verhältnis. Die Ursprungssubstanz wird in vielen einzelnen Schritten verdünnt oder verrieben und zwischendurch immer wieder verschüttelt, um Energie zuzuführen.
> D1 bedeutet, dass es sich um eine Verdünnung von 1:10 handelt. Die Salze sind in der Regel
> D6 = 1:1.000.000 oder
> D12 = 1:1.000.000.000.000 verdünnt.

Ab D23 ist übrigens kein Molekül der Ursprungssubstanz mehr nachweisbar.

Der Nutzen der Potenzierung
Als Verabreichungsform wählte Schüßler bewusst die Potenzierung, auch wenn er seine Therapieform als nicht-homöopathisch bezeichnete.
Schüßler war der Meinung, dass potenzierte Stoffe besser und schneller vom Körper aufgenommen werden können und so in die Zellen gelangen. Nach einigen Studien an Patienten legte er außerdem für jedes Salz eine bestimmte Potenz fest, in der es am besten wirkte. Diese Potenzen (D6 oder D12) werden bis heute hauptsächlich verwendet. Erfahrene Therapeuten greifen aber auch hin und wieder auf andere Potenzen zurück.

Wo bekomme ich Schüßler-Salze und -Salben?
In der Apotheke (auch Internetapotheke): Hier sollte man Preise vergleichen, manche Hersteller sind deutlich günstiger als andere. Bei der Herstellung unterliegen alle den strengen Vorschriften des Homöopathischen Arzneibuches (HAB), und so ist die Qualität bei allen Firmen gleich.

Anwendungsformen

Die innerliche Anwendung
Am besten werden die Tabletten in etwas warmem Wasser aufgelöst und mit einer Spritze (ohne Kanüle) in das Maul gegeben. Bei dieser Methode werden die Salze

direkt von der Mundschleimhaut aufgenommen und nicht heruntergeschluckt. Ansonsten kann man sie auch pur füttern (manche Hunde fressen die etwas süßlichen
Tabletten sogar sehr gerne) oder unter das Futter mischen. Bei der letzten Methode
werden die Salze allerdings nicht so gut vom Körper aufgenommen. Bei der Gabe
mehrerer verschiedener Salze sollte man zwischen den Gaben der einzelnen Salze
jeweils eine halbe Stunde Abstand lassen, bei einer gleichzeitigen Gabe wird die
Wirkung vermindert.

Die äußerliche Anwendung

Salben
Schüßler-Salz-Salben gibt es als Fertigprodukte in der Apotheke zu kaufen. Sie wer-
den je nach Bedarf 1–3-mal täglich auf die betroffenen Stellen aufgetragen. Je nach
Erkrankung können die Salben auch zu jeweils gleichen Teilen gemischt werden, eine
Mischung sollte allerdings aus nicht mehr als drei Salben bestehen.
Je nach Erkrankung kann man die Salben sanft auftragen (z. B. bei Blutergüssen), ein-
massieren (z. B. bei Muskelverspannungen) oder Umschläge mit der Salbe machen
(z. B. bei Zerrungen).

Umschläge mit Tablettenbrei
Hierzu werden einige Tabletten mit etwas Wasser zu einem Brei verarbeitet. Den Brei
auf die betroffene Stelle streichen und mit einer Kompresse und Binde umwickeln.
Der Umschlag sollte mindestens 3–4 Stunden an der Stelle verbleiben.
Breiumschläge eignen sich besonders bei nässenden oder fettigen Hautleiden, da
hier eine fetthaltige Creme die Erkrankung/Symptome verschlimmern würde.

Dosierung und Behandlungsdauer

Innerlich
Die Dosierung richtet sich nach der Erkrankung. Bei akuten Leiden sollte man in den
ersten 3–4 Stunden halbstündlich eine Gabe geben, dann stündlich eine Gabe (bis
zu 12 Gaben am Tag). In den darauf folgenden Tagen ist eine Dosis von 5–6 Gaben
täglich ratsam. Nach einer Woche oder bei Verschwinden der Beschwerden kann
dann zur Normaldosierung übergegangen werden. Bei chronischen Erkrankungen
empfiehlt sich die Normaldosierung über einen langen Zeitraum (ein halbes Jahr bis
ein Jahr).
> Akutdosierung: halbstündlich eine Gabe (je nach Körpergröße, Einteilung siehe
   Tabelle), bis zu 12 Gaben täglich
> Normaldosierung: 3–4-mal täglich eine Gabe (je nach Körpergröße, Einteilung
   siehe Tabelle)
Es sollten nicht mehr als 3–4 verschiedene Salze gleichzeitig gegeben werden!

Dosierung nach Gewicht	
Welpen bis 3 kg	1 Tablette pro Gabe
kleiner Hund bis 10 kg	2 Tabletten pro Gabe
mittlerer Hund 10–20 kg	3 Tabletten pro Gabe
großer Hund 25–30 kg	4 Tabletten pro Gabe
sehr großer Hund ab 40 kg	5–6 Tabletten pro Gabe

Reaktionen auf die Einnahme

Wie erkenne ich, ob das Mittel wirkt?

Akute Symptome bessern sich meist recht schnell, bei chronischen Erkrankungen und bei bestimmten Salzen dauert es zum Teil Wochen oder Monate, bis eine Wirkung eintritt. Äußerliche Mangelzeichen und psychische Verhaltenweisen ändern sich je nach Salz schnell oder brauchen etwas Zeit. Anders als bei der klassischen Homöopathie gibt es in der Schüßler-Therapie keine Erstverschlimmerung.

Nebenwirkungen und Wechselwirkung mit anderen Mitteln

Schüßler-Salze haben sogar bei einer Überdosierung im Gegensatz zu Mineralien und Spurenelementen wie Magnesium, Kalzium, Eisen, Selen und Co. keine bzw. fast keine Nebenwirkungen. Einzig bei einer bekannten Lactose-Intoleranz sollte man auf die Gabe von Tabletten, die Milchzucker enthalten, verzichten und lieber Tropfen geben.

Dennoch sollte man Schüßler-Salze nur mit Bedacht einsetzen, schließlich handelt es sich auch bei ihnen um Medikamente. Notfälle und schwere Erkrankungen gehören prinzipiell immer zuerst in die Hände eines Tierarztes. Aber auch bei allen anderen Erkrankungen sollte man immer zuerst den Tierarzt oder Heilpraktiker kontaktieren! Denn nur mit einer genauen Diagnose lassen sich die passenden Salze finden und der richtige Weg zu einer erfolgreichen Behandlung einschlagen.

Kombination mit anderen Therapieformen

Die Schüßler-Salze-Therapie lässt sich sehr gut mit anderen Therapieformen kombinieren. Da manche Salze einige Zeit brauchen, um zu wirken, können besonders bei akuten oder schweren Erkrankungen weitere therapeutische Maßnahmen von Vorteil sein. Man sollte lediglich darauf achten, dass zwischen der innerlichen Gabe von verschiedenen Mitteln (z. B. Bach-Blüten, Kräuter, Homöopathie) ein bis zwei Stunden Zeit liegen. So wird gewährleistet, dass sich die einzelnen Mittel nicht in ihrer Wirkung beeinflussen oder diese sogar aufheben.

Die 12 Hauptsalze

Schüßler arbeitete ausschließlich mit den 12 Hauptsalzen, von denen er Calcium sulfuricum (Nr.12) kurz vor seinem Tod wieder verwarf. Er wollte seine Patienten nur mit Salzen behandeln, von denen er sich sicher war, dass sie permanent im Körper vorkommen. Bei der heutigen Nummer 12 war er sich dessen unklar, und so entfernte Schüßler dieses Salz wieder aus seiner Liste. Aber schon kurz nach seinem Tod erkannten seine Nachfolger, dass Calcium sulfuricum durchaus dauerhaft im Körper vorkommt, und ergänzten es wieder.

Mit den 12 Hauptsalzen kann man fast alle Erkrankungen behandeln und die körpereigenen Heilungskräfte aktivieren. Um seine Hunde erfolgreich mit Schüßler-Salzen zu behandeln, sollte man von allen 12 Salzen die Hauptwirkung kennen. So kann man im Krankheitsfall leichter erkennen, welches Salz das richtige ist.

Gerade zu Beginn ist es ratsam, sich auf die Behandlung mit den 12 Hauptsalzen und deren Wirkungen zu beschränken. So bleibt die Therapie übersichtlicher und somit leichter anzuwenden. Hat man einige Erfahrung im Umgang mit den 12 Hauptsalzen gesammelt, besteht immer noch die Möglichkeit, auf die 15 Ergänzungsmittel zurückzugreifen.

Zu jedem Hauptsalz gibt es auch eine passende Salbe, die sich zur äußeren Anwendung eignet. Die Salben sind in ihrer Wirkung den entsprechenden Salzen sehr ähnlich und können sehr gut mit den passenden Salzen kombiniert werden.

Nach einer tabellarischen Übersicht über die 12 Hauptsalze finden Sie ausführliche Darstellungen der einzelnen Salze. Zur praktischen Handhabung folgen diese (wie auch die Beschreibungen der im nächsten Kapitel dargestellten Ergänzungssalze) dem hier erläuterten Schema.

Überschrift

Nennt den lateinischen, chemischen und deutschen Namen sowie die Nummer des jeweiligen Salzes. In der ebenfalls angegebenen Potenz hat Schüßler die Salze verwendet. Als Hundebesitzer nutzen Sie bitte immer die im Buch empfohlenen Potenzen.

Allgemeines

Dieser Abschnitt soll helfen, das Salz besser kennenzulernen, und fasst die Hauptwirkung zusammen.

Wirkungsort/Vorkommen

Nennt, in welchen Körperteilen bzw. Organen die Salze vorkommen und wo sie wirken.

Wirkrichtungen

Hier werden die allgemeinen Wirkungen beschrieben, die das Salz auf den Organismus hat.

Symptome bei Mangelerscheinungen

Die hier genannten körperlichen und charakterlichen Zeichen sollen helfen, das richtige Mittel zu finden. Der Abschnitt »Absonderungen« beschreibt z. B. das Aussehen von Schleim, Hautabsonderungen und anderen Körperflüssigkeiten. Psychische Zeichen können im akuten Fall auftreten, aber auch von Dauer sein. So kann ein Hund, der an einem länger bestehenden Mangel an Nr. 3 leidet, von seinem Grundcharakter sehr sensibel sein oder aber bei z. B. einer akuten Infektion plötzlich sehr sensibel auf alles reagieren, obwohl dies sonst nicht seinem Charakter entspricht.

Anwendungsgebiete

Hier sind die wichtigsten Anwendungsgebiete, nach Körperregionen unterteilt, aufgelistet. Weitere Anwendungsgebiete finden sich im Krankheits- und Symptomverzeichnis.

Verbesserung/Verschlechterung

Was verbessert oder verschlechtert die Erkrankung? Dies ist eine weitere wichtige Hilfe für die richtige Mittelwahl.

Salbe

Gibt Hinweise auf die Salbe des jeweiligen Salzes zur äußerlichen Anwendung. Neben allgemeinen Informationen finden Sie hier die wichtigsten Anwendungsgebiete.

	Schwerpunkte des Salzes	Ausscheidungen/ Absonderungen: z. B. Auswurf, Durchfall	Allgemeinzustand
Nr. 1	Elastizität, Verhärtungen, Wachstum	Ätzend, körnig, Kügelchen, hart, trocken, leicht gelb, nässend	Eher mager, schlaff oder straff und schwach
Nr. 2	Aufbau von Knochen, Zähnen etc.	Eiweißhaltig, flockig, weiß, fadenziehend	Zart, hochgewachsen, mager mit dickem Bauch, schlaksig
Nr. 3	Erste Hilfe, Entzündungen 1. Phase, Blutbildung Akutmittel!!!	Blutig, nässend	Schlapp, erschöpft, helles Fell, blutarm, zerbrechlich, frieren schnell
Nr. 4	Entzündungen 2. Phase, Schleimhautmittel	Dick, zäh, weißlich-grau, flockig, fadenziehend, trocken, mehlartig, fibrinhaltig	Eher übergewichtig, hungrig, Neigung zu Atemwegserkrankungen
Nr. 5	Geistige und körperliche Schwäche, hohes Fieber	Stinkend, schmierig, jauchig, schleimig, blutig, ätzend	Abgemagert, schwach
Nr. 6	Stoffwechsel, Haut, Leber, Entzündungen 3. Phase	Gelb, schleimig, käsig riechend, ockerfarben, gelbe Krusten	Oft übergewichtig, immer hungrig

Haut/Fell Juckreiz	Bewegungs- apparat/Krallen	Psyche	Sonstiges
Verhärtungen, glanzlos, Pilz- befall, schlaffe Haut	Spröde, rissig, wachsen schlecht, Überbeine, stol- pern, Krallen- und Knochendeforma- tionen	Unterwürfig, un- ruhig, unflexibel, unsicher, ängst- lich	Neigung zu Schwellungen, Verhärtungen, Wachstumspro- bleme, junge Hunde und Welpen
Empfindlich, schwitzen viel, Juckreiz, trockene Haut, Schuppen	Zu weiche Krallen, schlecht entwi- ckeltes Skelett	Panisch, starke Verlassensängste, mögen keinen Druck, ange- spannt	Frieren leicht, schnell erschöpft, Anämieneigung, Allergie
Blutig, entzündet, struppige Haare, nässend, heilt schlecht, helles Fell	Entzündungen	Erschöpft, sensi- bel, schwach, bei Stress aggressiv, explosiv	Neigung zu Entzündungen, bei allen akuten Erkrankungen, leichtes Fieber, schwaches Im- munsystem
Hartnäckige Entzündungen, schuppig	Akute Phase Entzündungen	gemütlich, träge, reizbar	Ein Mangel zeigt sich erst nach langer Belastung
Fettig, eitrig, schlecht heilende Wunden	Verspannungen, Schwäche, Schmerzen wer- den durch Bewe- gung schlechter	Insgesamt nervenschwach, alle psychischen Probleme	Neigung zu ner- vös bedingten Erkrankungen, hohes Fieber
Trockene Haut, Jucken, Schup- pen, Pigment- flecken, Neigung zu Warzen	Chronische Erkrankungen	Träge, immer hungrig, können nicht mit Druck und Enge umge- hen, kaum Selbst- vertrauen	Am liebsten drau- ßen, chronische Erkrankungen

	Schwerpunkte des Salzes	Ausscheidungen/ Absonderungen: z. B. Auswurf, Durchfall	Allgemeinzustand
Nr. 7	Krämpfe, Schmerzen, Akutmittel	Käsig, mehlartig	Rasch müde, mager, verspannt
Nr. 8	Flüssigkeitshaushalt, Entgiftung	Ätzend, brennend, scharf, dünn, hell, wässrig, glasig, schleimig, salzig	Schwitzen viel oder gar nicht, zittern, gefräßig, aber dünn
Nr. 9	Entsäuerung, Säurenregulation, Stoffwechsel	Brennend, eitrig, flockig, honiggelb, rahmartig, dick, fettige Ausschwitzungen, sauer riechend, gelbe Krusten	Dick, Hunger, müde, Übersäuerung, Neigung zur Steinbildung
Nr. 10	Stoffwechsel, Leber, Entgiftung, Ausscheidung	Gelblich grün, grünlich, gallig, bitter, Blähungen/ Durchfall riecht wie faule Eier	Gelbe Augäpfel, Ödeme, müde, schlapp, dick
Nr. 11	Haut, Bindegewebe, Bewegungsapparat	Gelb, eitrig, reichlich, scharf stinkend, gelbe Schuppen	Schlaffer Bauch, dünn, kälteempfindlich, vorzeitige Alterung
Nr. 12	Eiterungen, Entgiftung, Regeneration	Eitrig, gelbgrünlich, blutig, dick, lockerer Schleim	Neigung zu Eiterungen

Haut/Fell Juckreiz	Bewegungs- apparat/Krallen	Psyche	Sonstiges
Überempfindlich, Juckreiz	Verspannungen, Muskelerkran- kungen	Innere Anspan- nung, leicht er- regbar, Überreak- tionen, Unruhe, versucht Span- nungen abzu- bauen durch Zwangsverhalten	Neigung zu Krämpfen
Schuppen, tro- ckene Haut, stumpfes Fell	Gelenkgeräusche, trockene Krallen, Ödeme	Eigenbrötler, ab- weisend, keine Veränderungen, triebig, unwillig, wenig Lebens- energie	Verlangen nach Salz, Durstgefühl vermindert oder verstärkt, periodi- sche Beschwer- den, Schwäche
Juckreiz, schlech- tes Fell, fettig oder fettarm, Ent- zündungen mit rotem Hof	Gelenkver- dickungen	Eigenwillig, mürrisch, chro- nisch müde, bewegt sich ungern, sauer	Übersäuerung (Magen, Muskeln etc.)
Nässende Flech- ten, schlechtes Fell und schlechte Haut, Juckreiz	Schwellungen	Gleichgültig, niedergeschlagen, reizbar, müde, Aggression, schlechte Laune	Ödeme
Haarausfall, schlechtes Fell, schlechte Haut, empfindliche Haut	Spröde, rissige Krallen, schwache Bänder, Knochen, Bindegewebe	Sensibel, nach- giebig, sanft, ängstlich, unsi- cher, dünnhäutig	Licht- und geräuschemp- findlich, Alters- erscheinungen
Eitrige Hauter- krankungen, Abs- zesse	Eiterungen, Knorpel auf- bauend	Hyperaktiv, aggressiv, ängst- lich, kann sich schlecht konzent- rieren, hysterisch	Eiterungen aller Art und zur Rege- neration nach Erkrankungen

Nr. 1 Calcium fluoratum

Kalziumfluorid, Flussspat
Regelpotenz ist D12

- Das Salz des Bindegewebes, der Haut und der Gelenke
- Elastizitäts- und Wachstumsmittel

Allgemeines

Calcium fluoratum ist das Elastizitätsmittel der Schüßler-Salze und so auch verantwortlich für die Elastizität von Zellmembranen, allen Körperfasern, Gefäßwänden und der Haut.

Es macht »Hartes weich und elastisch und Weiches fest und elastisch«. Es kann bei allen Erkrankungen angewendet werden, die mit zu viel (z. B. durchgetretene Pfoten) oder zu wenig Elastizität (z. B. zu straffe Bänder) einhergehen. Außerdem wirkt es bildend und regulierend auf die für die Elastizität und Festigkeit wichtigen Stoffe des Stützgewebes: Kollagen, Elastin und Keratin (Hornstoff). Bei einem Mangel an Nr. 1 verliert das Keratin seine Elastizität und es kommt zu übermäßigen Verhornungen und Verhärtungen. Dadurch entstehen Schwielen, Verhärtungen und Überbeine, hier hilft die Nr. 1, diese abzubauen.

Es ist an der Bildung der schützenden Hüllen des Körpers, z. B. Gefäßen oder dem Zahnschmelz, beteiligt. Den Inhalt dieser Hüllen wie z. B. Blut bzw. Zahnbein bildet die Nr. 2, deshalb lassen sich diese beiden Salze auch so gut kombinieren.

Neben seiner Wirkung auf die Elastizität und Festigkeit des Stützgewebes ist Salz Nr. 1 durch seine unterstützende Wirkung im Bereich des Knochensystems ein wichtiges Wachstumsmittel. Dadurch eignet es sich besonders gut zur Aufzucht von Welpen und wird auch als Wachstumssalz bezeichnet.

Die Nr. 1 ist ein sehr langsam wirkendes Mittel, deshalb sollte die Einnahme über lange Zeit ($\frac{1}{2}$–1 Jahr geschehen).

Wirkungsorte/Vorkommen

Knochen, Knorpel, Bindegewebe, Haut, Sehnen, Bänder, Zahnschmelz, die Gefäße und das Gehirn

Wirkrichtung

> kräftigt das Stützgewebe
> erhält und fördert die Elastizität der Gewebe

> wirkt gegen Verhärtungen
> ist an der Bildung von Zahnschmelz, Zähnen, Knochen und Periost (äußere Knochenschicht) beteiligt und festigt sie
> hat eine straffende Wirkung bei Gewebserschlaffung (schlaffe Haut)
> wirkt bildend und regulierend auf Keratin, Elastin und Kollagen

Symptome bei Mangelerscheinungen

Allgemeinzustand

Hunde, die an einem Calcium-fluoratum-Mangel leiden, sind eher schlank, zum Teil sogar unterernährt, trotzdem haben sie oft einen Hängebauch und schlaffe Haut. Die Haut ist verhärtet, rissig und rau, das Fell glanzlos und verfilzt. Durch die vermehrte Bildung von Keratin (Hornstoff) kommt es häufig zur Verhärtungen, die sich unter anderem in Schwielenbildung an den Gelenken (besonders Ellenbogen) und verdicktem Ballenhorn äußern.

Durch den engen Bezug der Nr. 1 zur Elastizität der Körpergewebe kommt es oft zu schwachen, schlaffen oder zu straffen Sehnen, Bändern und Gelenken, aber auch zu Schwellungen und Überbeinen. Solche Hunde brauchen oft lange, um sich einzulaufen, und stolpern häufig. Die Krallen sind spröde, rissig, wachsen schlecht und sind meist deformiert. Außerdem haben die Hunde oft lockere Zähne und neigen zur Bildung von Tumoren.

Psyche, Charakter

Der Hund ist eher ängstlich, schreckhaft und unterwürfig und sehr vorsichtig. Außerdem ist er unruhig und hektisch, zum Teil sogar aggressiv. Er reagiert in Stresssituationen unflexibel (unelastisch) und kann sich nur schwer mit Veränderungen abfinden. Er ist Frühaufsteher und schläft häufig unruhig (bellt und zuckt im Schlaf). Oft verweigert er das Futter und friert schnell und häufig.

Ausscheidungen, Absonderungen

Ätzend, körnig, Kügelchen, hart, trocken, leicht gelb, nässend

Anwendungsgebiete

Bewegungsapparat

Knochen- und Gelenkerkrankungen wie Arthrose, Arthritis, Frakturen, Überbeine, Bandscheibenvorfall, Hüftdysplasie; Erkrankungen von Sehnen und Bändern wie Schwäche (durchgetretene Pfoten), Verkürzungen, Zerrungen, Entzündungen, Überstreckbarkeit der Gelenke; Muskelprobleme wie Risse, Zerrungen, Verhärtungen, Schmerzen

Haut, Fell
Haut ist rissig, lederartig, verhärtet, Wunden heilen schlecht, Hautauschläge, Hautpilz; Neigung zur Bildung von Zysten, Narben, Furunkeln, Verhärtungen und Warzen; hilft beim Bindegewebsaufbau; bei vermehrter Hornhaut- und Schwielenbildung; Juckreiz

Hormonsystem
Hündinnen: Geburtsunterstützung, hilft gegen Fehlgeburten; hilft nach der Geburt gegen Euterentzündung, Gebärmuttersenkung, regt die Milchproduktion an; verhärtetes Gesäuge
Rüden: zur Unterstützung bei der Kastration; bei zu starkem Geschlechtstrieb, Hodenschwellung und -verhärtung

Welpen, Junghunde
Hilft und unterstützt Welpen und Junghunde beim körperlichen und geistigen Wachstum

Auge, Ohr
Hilft bei vielen Augenerkrankungen, z. B. grauer Star, Gerstenkorn; Schwerhörigkeit/ Taubheit

Atemwege
Entzündungen der Atemwege, besonders wenn Krustenbildung vorhanden

Zähne
Bei allen Zahnproblemen, bei alten und bei jungen Hunden

Sonstiges
Verhärtungen, aber auch Erschlaffungen aller Art; Schwellungen und Verhärtungen von Drüsen (Analdrüse) und Lymphknoten; bei alten Hunden zur Unterstützung der Elastizität von Gefäßen, Bändern, Sehnen etc.; Abmagerung durch Futterverweigerung; bei Blasenschwäche und dadurch bedingtem Harntröpfeln

Verbesserung/Verschlechterung

> Verbesserung durch Wärme (zudecken), mäßige Bewegung und nach dem Fressen
> Verschlechterung durch Kälte, Nässe, Zugluft, Wetterwechsel, bei starker Bewegung sowie nach längerer Pause

Salbe

Calcium-fluoratum-Salbe macht verhärtetes Gewebe wieder weich und instabiles, schlaffes Gewebe straff und elastisch. So ist sie ideal bei allen Hauterscheinungen, die mit Verhärtungen einhergehen, wie z. B. Hornhaut, Narbengewebe, Druckstellen an Ellenbogen, und um zu schlaffes Gewebe wieder zu festigen. Die Haut ist rissig, hart, schlaff, sehr pflegebedürftig, sensibel und fühlt sich oft wie gegerbt an. Es bilden sich häufig trockene, harte Borken. Die Salbe wirkt im Gegensatz zur innerlichen Einnahme der Tabletten sehr schnell. Man kann sie auch anwenden bei Schrunden, verhärteten Lymphknoten, eiternden Fisteln, Warzen, Geschwüren mit hartem Rand und rissigen Ballen.

Bei einer Bänderschwäche hat sich die Kombination mit Salbe Nr. 11 Silicea sehr bewährt.

Gut zu wissen — Bei Welpen und tragenden Hündinnen ist die Gabe von Salz Nr. 1 Calcium fluoratum und Salz Nr. 2 Calcium phosphoricum sehr zu empfehlen, beide ermöglichen ein ideales Wachstum und die optimale Ausbildung von Knochen, Sehnen, Bändern etc.

Nr. 2 Calcium phosphoricum
Kalziumphosphat
Regelpotenz ist D6

- Salz der Knochen und Zähne
- Aufbau- und Ausbildungsmittel

Allgemeines

Calcium phosphoricum ist das Aufbau- und Stärkungsmittel in der Schüßler-Salze-Therapie. Es regelt den Eiweißhaushalt, wirkt positiv auf die Zell- und Blutneubildung und hat einen engen Bezug zum Knochensystem. Hier hilft es, die Knochenzellen zu stabilisieren, und regt die Neubildung an.
Außerdem unterstützt es den Aufbau der Strukturen, die sich in den von Salz Nr. 1 gebildeten schützenden Hüllen befinden. Durch seine aufbauende, ausbildende, stärkende und stützende Wirkung in diesen Bereichen eignet es sich auch sehr gut als Unterstützungsmittel bei trächtigen Hündinnen und bei Welpen. Leider kommt es durch zucht- und haltungsbedingte Fehler bei Welpen und Junghunden zu gesundheitlichen und psychischen Problemen, die die Hunde in ihrer Entwicklung einschränken. Auch hier kann Salz Nr. 2 durch seine positive Wirkung auf die Ausbildung von Knochen, Zähnen, Zellen, Blut, Sehnen und Psyche helfen, diese Schäden zu lindern oder zu heilen. Es wirkt auch besonders gut auf die Muskulatur, dort entspannt und entkrampft es. Auf die Muskulatur wirkt es recht schnell, bei Knochenerkrankungen muss es genau wie Salz Nr. 1 über eine längere Zeit ($\frac{1}{2}$ Jahr bis 1 Jahr) gegeben werden.

Wirkungsorte/Vorkommen

Knochen, Zähne, Muskeln, Nerven und Blutbildung

Wirkrichtung

> wichtig für die Zellbildung, besonders der Knochenzellen
> reguliert den Sympathikus
> fördert die Kallusbildung
> Eiweißaufbau
> beteiligt an der Blutgerinnung
> entspannt, entkrampft und beruhigt Muskeln und Nerven
> wirkt blutbildend
> neutralisiert Säuren

Symptome bei Mangelerscheinungen

Allgemeinzustand

Hunde, die an einem Mangel an Nr. 2 leiden, sind von eher schwacher Konstitution, sie sind zart, hochgewachsen und wirken schlaksig. Sie sind meist sehr mager, verwerten ihr Futter schlecht, haben aber trotzdem oft einen dicken Bauch und ihr Rücken hängt meist durch. Häufig leiden sie auch unter Anämie, dadurch sind sie schnell erschöpft und haben manchmal Herzrasen. Ihre Muskeln, Knochen und Zähne sind schwach, sie frieren leicht und neigen zu Krämpfen.

Psyche

Die Hunde sind nervös, angespannt, hyperaktiv, sehr schreckhaft und zum Teil sogar panisch. Sie haben starke Verlassensängste, hängen sehr an ihren Besitzern und bleiben nicht gern alleine. Die Konzentrationsfähigkeit dieser Hunde ist sehr schlecht, so lernen sie nur schwer und lassen sich mühsam erziehen, obwohl sie eigentlich sehr intelligent sind. Mit Druck können sie nur schlecht umgehen und werden dann schnell sehr ängstlich und unsicher.

Ausscheidungen, Absonderungen

Eiweißhaltig, flockig, weiß und fadenziehend

Anwendungsgebiete

Bewegungsapparat

Bei allen Knochen- und Gelenkerkrankungen wie Arthrose, Arthritis, Frakturen, Überbeinen, Bandscheibenvorfall, Hüftdysplasie, Gelenkschwellungen, deformierten Knochen und Knochenschmerzen; Muskelproblemen wie Krämpfen, Schwäche und Schwund; Erkrankungen des Bandapparates wie Zerrungen und Schwäche

Haut, Fell

Trockene, schuppige Haut, die oft juckt; allergisches Ekzem (Insektenstiche, Eiweißallergie)

Blut

Anämie, besonders nach Blutverlust (hilft bei der Neubildung von roten Blutkörperchen); Blutgerinnungsstörungen und Blutungsneigung

Atemwege

Krampfartiger Husten, auch bei Asthma; allergische Atemwegsprobleme; akute und chronische Katarrhe der Atemwege; Heiserkeit

Welpen und Junghunde

Wachstumsprobleme wie z. B. Wachstumsschmerzen, Fehlstellungen, Zahnwechsel und allgemeine Entwicklungsstörungen; unterstützt die psychische Entwicklung

Herz, Kreislauf

Allgemein zur Herz- und Kreislaufstärkung; Durchblutungsstörungen; Rhythmusstörungen wie Herzrasen, Extrasystolen und Aussetzer

Hormonsystem

Hündinnen: Bei schlechter Milchproduktion wirkt es anregend; zur Unterstützung während der Trächtigkeit und bei der Geburt; als Hilfe nach einer Fehlgeburt

Niere, Blase, Harnwege

Als Prophylaxe und Behandlung von Blasensteinen, Harngrieß, Nierensteinen, Nierengrieß und Nierenproblemen; Blasen- und Nierenentzündung

Nervensystem

Unterstützend bei Epilepsie; Nervenschmerzen und -schwäche; Beruhigungsmittel, z. B. bei unruhigem Schlaf

Zähne

Zahnprobleme wie Zerfall, schlechte Entwicklung und Zahnwechselstörungen

Sonstiges

Allergien aller Art; stärkt das Immunsystem; bei schwachen, abgemagerten Hunden und nach Erkrankungen; Gallensteine; Magen-/Darmprobleme mit Durchfall (grünlich, stinkend, mit Futterresten)

Verbesserung/Verschlechterung

> Verbesserung durch Wärme, leichte und gleichmäßige Bewegung, Zusammenrollen beim Liegen
> Verschlechterung in Ruhe, aber auch bei zu großer Anstrengung, Wetterwechsel, Hitze, Angst, Kummer, Stress, Zugluft und Feuchtigkeit

Salbe

Calcium phosphoricum hat einen sehr engen Bezug zum Knochensystem. Man kann die Salbe verwenden bei Knochenhautreizung, Knochenschwäche, Knochenschmerzen, verzögerter Knochenheilung, Überbeinen, Muskelverspannungen und -krämpfen, Hautausschlägen und -erkrankungen mit weißlich gelben Krusten.

Nr. 3 Ferrum phosphoricum

Eisenphosphat
Regelpotenz ist D12

- Salz des Immunsystems
- Erste-Hilfe-Salz (1. Phase der Entzündung)
- Fiebermittel

Allgemeines

Ferrum phosphoricum ist sozusagen der Ersthelfer am Ort des Geschehens. Egal, ob in der ersten Phase einer akuten Erkrankung oder einer Verletzung, Ferrum hilft zu lindern und zu heilen. Es ist das Mittel der 1. Phase (siehe Entzündungsphasen, Seite 35) und gehört sowohl als Salz wie auch als Salbe in die Hausapotheke, um bei akuten Erkrankungen Erste Hilfe zu leisten. Es ist allgemein tonisierend, wirkt besonders gut zur Unterstützung der Immunabwehr und hilft am besten zu Beginn einer Infektionskrankheit oder als Prophylaxe. Außerdem hilft es gegen leichtes Fieber bis 38,9 °C, steigt das Fieber höher, sollte die Nr. 5 verwendet werden.

Genauso gut wirkt die Nr. 3 bei allen Arten von Verletzungen, besonders wenn diese mit pochenden Schmerzen, die sich durch Kälte bessern, einhergehen. Es ist quasi das Arnika der Schüßler-Salze.

Die Nr. 3 unterstützt die Bildung von roten Blutkörperchen und in Phasen körperlicher Belastung hilft es, Muskelkater vorzubeugen. Bei einem Mangel ist besonders die rechte Körperhälfte von den Beschwerden betroffen.

Wirkungsorte/Vorkommen

Blut, Blutgefäße, Muskelzellen, Gehirn, Leber, Drüsen und Darm

Wirkrichtung

> 1. Phase einer Entzündung
> immunstärkend
> hilft bei einer Vielzahl von akuten Erkrankungen
> entzündungshemmend
> allgemein stärkend und tonisierend
> verbessert Sauerstoffaufnahme und -transport
> schmerzstillend
> regt die blutbildenden Organe an
> kurbelt den Stoffwechsel an

Symptome bei Mangelerscheinungen

Allgemeinzustand

Hunde, die an einem Mangel von Salz Nr. 3 leiden, sind von ihrer gesamten Konstitution sehr schwach, müde und anämisch (blutarm). Ihre Schleimhäute sind blass, sie wirken zerbrechlich, sind oft sehr mager und verweigern auch gerne mal ihr Futter. Bedingt durch die allgemeine Schwäche, fehlt ihnen die Kraft, sich längere Zeit zu konzentrieren, und ihre Leistungsfähigkeit ist stark eingeschränkt. Sie ermüden schnell und frieren häufig. Das Fell dieser Hunde ist oft sehr hell und struppig, Wunden heilen bei ihnen nur sehr langsam. Außerdem haben sie ein schwaches Immunsystem und neigen daher zu Entzündungen und Infektionen.

Psyche

Ferrum-Hunde sind sehr sensibel, schwächlich, zudem unsicher und ängstlich. Sie sind äußerst wehleidig und jaulen schon bei kleinsten Berührungen oder Verletzungen. Bei Stress und/oder Aufregung reagieren sie hingegen kopflos, sind kaum zu bändigen und werden zum Teil auch aggressiv. Außerdem neigen sie zu Stimmungsschwankungen und sind antriebsarm. Mit diesen Hunden muss man äußerst behutsam umgehen und ihnen viel Sicherheit und Schutz bieten.

Ausscheidungen, Absonderungen

Blutig, Blutungen und nässend

Anwendungsgebiete

Immunsystem

Stärkt das Immunsystem bei Infekten (vor allem zu Beginn einer Erkrankung); bei leichtem Fieber

Atemwege

Zu Beginn akuter Atemwegsinfekte; trockener Husten, Reizhusten; Entzündung der oberen Atemwege, Nebenhöhlen, Kehlkopf und Rachen; Allergie der Atemwege

Bewegungsapparat

Verletzungen aller Art, wie Verstauchungen, Prellungen, Blutergüsse, Fissuren, Knochenbrüche, Muskelrisse, Zerrungen, Quetschungen etc.; Entzündungen der Sehnen, Schleimbeutel, Knochenhaut, Muskeln, Gelenke und Knochen (Arthritis); Gelenkschwellungen und Muskelkater

Blut

Aktiviert Blutbildung, hilfreich bei Anämien und akuten Blutungen; Eisenmangel

Haut, Fell
Leichte Verbrennungen wie z. B. Sonnenbrand; Abszess im Reifeprozess; Talgdrüsen-entzündung; blutende Wunden und schlecht heilende Wunden; unterstützend beim Fellwechsel

Hormonsystem
Hündinnen: Entzündungen der Eileiter, Eierstöcke, Gebärmutter und des Gesäuges; nach einer Fehlgeburt; zur Unterstützung vor, während und nach der Geburt
Rüden: zur Unterstützung vor und nach Kastration; entzündete Hoden und Prostata

Auge, Ohr
Akute Bindehautentzündung; akute Ohrenentzündung mit gerötetem Gehörgang

Magen-Darm-Trakt
Magen-/Darmentzündungen; akuter Durchfall; Erbrechen von Galle/Unverdautem

Niere, Blase, Harnwege
Akute Harnwegs-, Nieren- und Blasenentzündung

Zähne
Bei Entzündungen, Schäden und Empfindlichkeit

Sonstiges
1. Phase von Entzündungen aller Art; zur allgemeinen Stärkung z. B. nach Erkrankungen; Nervenschmerzen und -entzündungen

Verbesserung/Verschlechterung

> Verbesserung durch Kühlen der betroffenen Stellen (bei Schmerz/Entzündung)
> Verschlechterung durch zu viel Bewegung und Wärme

Salbe

Ferrum-phosphoricum-Salbe ist die wichtigste Salbe der Schüßler-Salben, genau wie das Salz eignet sie sich zur Ersten Hilfe. Sie hilft bei allen akuten Verletzungen wie z. B. Prellungen, Zerrungen, Quetschungen, Verstauchungen, Schürfwunden und in Kombination mit Salbe Nr. 11 bei Blutergüssen. Bei Hauterkrankungen wie schlecht heilenden Wunden, Insektenstichen und bei Verbrennungen/Sonnenbrand in Kombination mit Salbe Nr. 8 anwenden. Außerdem hilft sie bei allen Entzündungen, die mit Schwellung, Schmerz und Druckempfindlichkeit einhergehen, und bei Muskelkater. Je rascher sie eingesetzt wird, desto besser wirkt sie.

Nr. 4 Kalium chloratum
Kaliumchlorid
Regelpotenz ist D6

* Salz der Schleimhäute
* Entzündungsmittel der 2. Phase

Allgemeines

Kalium chloratum ist das Mittel der 2. Entzündungsphase. Diese Phase beginnt 3–4 Tage nach der Infektion, die Erkrankung hat nun zum Teil gegen das Immunsystem gewonnen und es kommt zu ausgeprägten Symptomen (Näheres über die drei Entzündungsphasen siehe Seite 35).

Durch den engen Bezug zu den Schleimhäuten, den Drüsen und dem Lymphsystem des Körpers kann es bei allen Erkrankungen in diesen Bereichen eingesetzt werden. Darüber hinaus reguliert es die Faserstoffe im Körper und hat so Einfluss auf das Blut, Muskel-, Nerven- und Bindegewebe. Es sorgt z.B. dafür, dass der Blutfaserstoff Fibrin in Lösung gehalten wird, sodass das Blut nicht verklumpt, und verhindert eine Verschleimung der Atemwege.

Als Entgiftungs- und Entschlackungsmittel spielt Kalium chloratum eine große Rolle, da es chemische Gifte bindet. Da Salz Nr. 10 diese Gifte ausschleust, sollten beide Mittel in Kombination gegeben werden.

Bei hartnäckigen Erkrankungen muss die Nr. 4 längere Zeit gegeben werden, bis sie wirkt. Bei akuten Erkrankungen wie Schleimhautentzündungen wirkt es meist sehr schnell.

Nach Impfungen sollte man auch an die Gabe von Salz Nr. 4 denken, da bei Impfungen viel Kalium chloratum verbraucht wird.

Gut zu wissen — Faserstoffe sind Eiweißverbindungen, die sich als fadenförmige Gewebselemente an Muskel-, Nerven- und Bindegewebsfasern anlagern und in roten Blutkörperchen vorkommen.

Wirkungsorte/Vorkommen

Gehirn, Nerven- und Muskelzellen, Drüsen, Bronchien, rote Blutkörperchen

Wirkrichtung

> hilft bei allen »-itis«-(Entzündungs-)Formen
> entzündungshemmend
> hilft bei allen Erkrankungen mit Exsudatbildung
> wirkt entgiftend
> fibrinolytisch
> reguliert die Blutfließgeschwindigkeit
> regt Muskeln und Nerven an
> stoffwechselanregend (Eiweiß und Kohlenhydrate)
> reguliert die Ausscheidung von Wasser
> hat Einfluss auf die Tätigkeit der Verdauungsorgane und des Herzens
> stärkt das Immunsystem
> wichtiges Drüsen- und Lymphmittel

Symptome bei Mangelerscheinungen

Allgemeinzustand

Hunde, die an einem Mangel an Salz Nr. 4 leiden, sind sehr oft übergewichtig und immer hungrig. Sie neigen zu hartnäckigen Entzündungen, Drüsenschwellungen und ihre Schleimhaut reagiert oft überempfindlich.
Die Haut ist oft schuppig, es kommt zu mehlartigen, trockenen Ausschlägen und Hautgrieß. Im Mund, Rachen und auf der Zunge findet man weißliche Beläge. Außerdem neigen diese Hunde häufig zu Katarrhen der Atemwege. Allerdings tauchen all diese äußerlichen Zeichen erst bei einem längeren Mangel auf, dementsprechend dauert es auch lange, bis sie wieder verschwinden.

Psyche

Die Hunde sind von ihrem Gemüt her sehr ruhig, träge, gemütlich und können sich schlecht konzentrieren. Sie fressen sehr gerne und neigen so zu Übergewicht. Trotz ihrer Trägheit können sie sehr schnell aggressiv werden, wenn ihnen etwas nicht passt. Sie sind in diesen Situationen oft unkontrollierbar. Aber genauso schnell, wie sie hochfahren, beruhigen sie sich auch wieder und fallen in ihre Lethargie zurück. Meist wollen sie ihre Ruhe, aber suchen auch durchaus die Nähe ihrer Besitzer. Diese Unentschlossenheit belastet die Hunde sehr.

Ausscheidungen, Absonderungen

Dick, zäh, weißlich grau, flockig, fadenziehend, trocken, mehlartig und fibrinhaltig

Anwendungsgebiete

Atemwege
Alle akuten Erkrankungen der Atemwege wie z. B. Bronchitis, Entzündungen im Kehl-kopf, Rachen, Nebenhöhlen, Schnupfen; chronische Atemwegserkrankungen; Aller-gien der Atemwege

Bewegungsapparat
Entzündungen aller Art wie z. b. der Knochen, Knochenhaut, Sehnen, Muskeln, Schleimbeutel, vor allem, wenn sie mit weichen Schwellungen einhergehen; Knochenbruch mit Schwellung und Knochenschmerzen

Haut, Fell
Neigung zu Hautpilzerkrankungen, Abszessen, Fisteln, Narben, Warzen; Ödeme aller Art; Talgdrüsenentzündung; Wunden mit Schwellung und wildem Fleisch

Immunsystem
Zur Unterstützung bei allen akuten Erkrankungen, die seit 3–4 Tagen bestehen.

Magen-Darm-Trakt
Erkrankungen und Entzündungen des Magen-Darm-Traktes (Gastritis, Enteritis, Magengeschwür etc); Durchfall und Verstopfung; Erbrechen von Schleim

Auge, Ohr
Nässende Ohrenentzündungen; Augenerkrankungen wie z. B. Bindehautentzündung, Glaukom und grauer Star

Hormonsystem
Hündinnen: Entzündung der Eileiter, Gebärmutter und des Gesäuges; die Milch-sekretion anregend in Kombination mit Nr. 8

Leber
Leberfunktionstörungen und Erkrankungen

Niere, Blase, Harnwege
Entzündungen aller Art

Sonstiges
Drüsenprobleme aller Art; Ödeme, besonders wenn sie durch Entzündungen ver-ursacht wurden; Entzündungen 2. Phase; zur Ausleitung/Entgiftung nach Impfungen, Vergiftungen, Insektenstichen; Impfreaktion wie Juckreiz, Schwellung etc.

Verbesserung/Verschlechterung

> Verbesserung durch Wärme und mäßige Bewegung
> Verschlechterung durch zu viel Bewegung, Kälte, Aufregung, feuchtes Wetter und Ärger

Salbe

Kalium-chloratum-Salbe ist das Mittel der zweiten Entzündungsphase und wirkt besonders gut, wenn eine Schwellung vorhanden ist. So eignet sich die Salbe besonders bei der Behandlung von Verletzungen/Entzündungen mit Schwellungen wie z. B. Sehnenscheidentzündungen, Insektenstichen und Drüsenschwellungen.
Aber auch bei Warzen, Schuppen und mehlartigen Ausschlägen hat sich die Anwendung von Salbe Nr. 4 bewährt.
Tipp für den Hundebesitzer: bei Husten die Salbe gleichmäßig im Lungen- und Bronchienbereich auf Rücken und Brust auftragen und sanft einmassieren.

Die drei Phasen einer Entzündung/Erkrankung
1. Entzündungsphase: Salz Nr. 3
> Krankheitsgefühl, noch keine richtig ausgeprägten Symptome, das Immunsystem kämpft gegen die Erkrankung.
> Sofortmaßnahme bei allen Verletzungen.
> Die Nr. 3 hilft dem Immunsystem, die Krankheit zu besiegen, bevor sie richtig ausbricht.
2. Entzündungsphase: Salz Nr. 4
> 3–4 Tage nach Beginn der Erkrankung, das Immunsystem hat zum Teil gegen die Erkrankung verloren und es kommt zu ausgeprägten Symptomen.
> Es kommt zu Schwellung, Erwärmung bei Verletzungen.
> Die Nr. 4 unterstützt den Körper bei der Heilung und stimuliert das Immunsystem.
3. Entzündungsphase: Salz Nr. 6
> Die Entzündung ist chronisch geworden.
> Verletzungen vernarben, sind dauerhaft entzündet etc.
> Die Nr. 6 sorgt dafür, dass die Erkrankung ausheilt, und hilft, wenn die Erkrankung in einer der beiden ersten Phasen feststeckt.

Da es nicht immer leicht ist, genau zwischen den einzelnen Entzündungsphasen zu unterscheiden, sollte man bei Unsicherheit einfach die beiden Mittel, zwischen denen man schwankt, verwenden.

Nr. 5 Kalium phosphoricum

Kaliumphosphat
Regelpotenz ist D6

- Salz der Nerven
- Schwächemittel

Allgemeines

Jeder Gedanke verbraucht *Kalium phosphoricum*, so ist es nicht verwunderlich, dass es einen sehr engen Bezug zum zentralen und vegetativen Nervensystem hat, darüber hinaus wirkt es auf die Herztätigkeit und die Muskulatur.

Es kann bei allen Schwächezuständen physischer wie psychischer Natur angewendet werden, da es den gesamten Hundekörper und Geist stärkt. Aus diesem Grund wird es auch als Energiespender und Kräftelieferant bezeichnet und hilft dem Hund in Phasen starker geistiger, psychischer und körperlicher Belastung, diese zu meistern. Eine andere große Stärke der Nr. 5 ist seine antiseptische Wirkung, es schleust zuverlässig Gifte aus dem Körper, indem es sie an sich bindet. Außerdem hilft es gegen hohes Fieber und den dadurch entstehenden Zellzerfall. Fäulnisgeschehen, wie Darmblähungen, faule Wunden etc., sprechen sehr gut auf die Gabe der Nr. 5 an, da es dem Körper hilft, die Abbauprodukte auszuscheiden, und die Neubildung von Zellen anregt.

Kalium phosphoricum wirkt oft sehr schnell, sollte aber trotzdem über längere Zeit eingenommen werden, um Rückfälle zu vermeiden. Die Gabe von Nr. 5 sollte am besten am Vormittag erfolgen, da es anregend wirkt.

Wirkungsorte/Vorkommen

Gehirn, Nerven- und Muskelzellen, Blut

Wirkrichtung

> stärkend besonders im Bereich von Psyche, Muskeln, Nerven, aber auch bei allgemeiner Schwäche
> antiseptisch
> fiebersenkend
> stoffwechselregulierend
> regt die Neubildung von Zellen und Blut an
> verhindert Fäulnis und Zellzerfall
> immunstärkend

Symptome bei Mangelerscheinungen

Allgemeinzustand

Hunde, die Salz Nr. 5 benötigen, sind schlank, oft sogar abgemagert. Sie neigen zu nervös bedingten Erkrankungen, Muskelkrämpfen und Lähmungen. Trotz ihrer Hyperaktivität ermüden sie schnell und sind besonders während Erkrankungen sehr schwach und wirken oft teilnahmslos. Die Haut dieser Hunde heilt sehr schlecht und neigt zu fettigen, eitrigen Ausschlägen. Oft riechen die Hunde faulig aus dem Maul. Schmerzen werden durch viel Bewegung schlechter.

Psyche

Kalium phosphoricum ist das Nervenmittel der Schüßler-Salze, deshalb kann es bei einer Vielzahl psychischer Erkrankungen angewendet werden.
Hunden, denen Salz Nr. 5 fehlt, sind insgesamt nervenschwach, sie reagieren oft nervös, ängstlich, schreckhaft und zum Teil sogar panisch. Durch neue Situationen sind sie oft überfordert und können auch mal zuschnappen.
Ihre Konzentration ist schlecht und sie sind häufig hyperaktiv. Hunde, die durch eine Krankheit in einen Mangelzustand geraten, reagieren während der Krankheit sehr ängstlich, müde, schwach und überlastet.

Ausscheidungen, Absonderungen

Stinkend, jauchig, schleimig, ätzend, scharf, bluthaltig, schmierig

Anwendungsgebiete

Psyche

Bei allen psychischen Auffälligkeiten wie Angst, Depression, Nervosität, Schreckhaftigkeit und Panik; zur Trauerbewältigung; in Phasen starker nervlicher Belastung; Konzentrationsstörungen und Gedächtnisschwäche; nervös bedingte organische Erkrankungen (Durchfall, Erbrechen, Husten)

Nervensystem

Nervenerkrankungen wie Lähmungen, Entzündungen, Schmerzen, Zuckungen, Epilepsie

Bewegungsapparat

Muskelerkrankungen wie Lähmungen, Schwäche, Schwund, Krämpfe, Zuckungen, Risse, Verhärtungen und Muskelkater; Gelenkschmerzen, die sich zu Beginn der Bewegung verschlechtern; Schwäche von Bändern und Gelenken

Herz, Kreislauf
Zur allgemeinen Unterstützung des Herzmuskels und des Kreislaufs; Herzrhythmus-störungen und Herzmuskelentzündung

Magen-Darm-Trakt
Nervös bedingte Erkrankungen wie nervöser Magen, nervöse Koliken, Gastritis, Blähungen; Abmagerung durch Stress; nervöses Erbrechen

Hormonsystem
Hündinnen: vor allem bei gestressten Hündinnen, zur Unterstützung vor, während und nach der Geburt; Wehenschwäche

Haut, Fell
Entzündete Wunden, die schlecht heilen und geschwollen sind; zur Unterstützung während des Fellwechsels; bei Erfrierungen an den Ballen; Haarausfall; nervöses Hautjucken

Niere, Blase, Harnwege
Blasenschwäche mit Harnträufeln; Reizblase; Entzündungen der Blase, Harnwege und Nieren

Atemwege
Asthma und Husten durch Aufregung; Katarrhe mit Fieber

Auge, Ohr
Grauer Star; Ohrentzündung

Sonstiges
Fieber über 38,5 °C; zur Unterstützung nach Impfungen; Allergien; unterstützt die Entgiftungsfunktion des Körpers bei z. B. Infektionen, Vergiftungen; bei Erschöpfung und zur Immunstärkung während oder nach einer Krankheit (Rekonvaleszenz); chronische Entzündungen

Verbesserung/Verschlechterung

> Verbesserung durch Ruhe, mäßige Bewegung und Wärme
> Verschlechterung am Morgen, bei Anstrengung, bei psychischer Belastung und bei Kälte

Salbe

Kalium phosphoricum ist ein Antiseptikum, Stärkungs- und Nervenmittel, genau hier liegen auch die Stärken der Salbe. Sie kann bei Nervenbeschwerden, durch Belastung entstandenen Erkrankungen und bei schlecht heilenden Wunden eingesetzt werden. Durch ihren Bezug zur Muskulatur ist sie auch bei Verkrampfungen der Muskulatur, Muskelschmerzen und -überanstrengung hilfreich.

Im Bereich der Haut wirkt sie besonders gut bei eitrigen Hautentzündungen, die nicht abheilen wollen, Beingeschwüren, hartnäckigen Wunden, Erfrierungen und nervösem Hautjucken.

Die Salbe kann vorbeugend vor großen Belastungen eingesetzt werden.

Nr. 6 Kalium sulfuricum

Kaliumsulfat
Regelpotenz ist D6

- Salz der Haut und Leber
- chronische Erkrankungen
- 3. Entzündungsphase

Allgemeines

Kalium sulfuricum ist das Salz der 3. Entzündungsphase (Wiederherstellungs- und Ausheilungsphase, siehe S. 35). Nun wird das geschädigte Gewebe repariert und schädliche Stoffe, wie z. B. Eiter, werden aus dem Körper ausgeschleust. Aus diesem Grund wirkt Salz Nr. 6 sehr gut bei allen chronischen Erkrankungen, besonders wenn die Erkrankungen in einer der beiden ersten Phasen feststecken.

Es gilt auch als das Leber- und Hautmittel der Schüßler-Therapie und hilft bei einer Vielzahl von Haut- und/oder Leberproblemen. Besonders bewährt hat sich der Einsatz bei Ekzemen, Hautausschlägen und allergischen Erkrankungen der Haut. Außerdem ist es ein wichtiges Mittel im Sauerstoff-Stoffwechsel, da es zusammen mit Salz Nr. 3 dafür sorgt, dass alle Zellen und Gewebe optimal mit Sauerstoff versorgt werden. Kalium sulfuricum wirkt sehr tief greifend und allgemein umstimmend, es dauert lange, bis das Mittel anschlägt, und sollte deshalb längere Zeit ($\frac{1}{2}$–1 Jahr) und in hoher Dosierung (2–3-mal täglich 3–6 Tabletten) gegeben werden. Bei langwierigen chronischen Erkrankungen braucht das Salz besonders lange, um seine volle Wirkung zu erreichen. Denn hierzu muss der Organismus angeregt werden, in die Ausheilungsphase überzutreten, und dieser Prozess kann etwas dauern.

Wirkungsorte/Vorkommen

Leberzellen, Bauchspeicheldrüse, Haut, Schleimhaut, Immunsystem

Wirkrichtung

> fördert Ausscheidungs- und Entgiftungsvorgänge
> bringt Sauerstoff in die Zellen und hilft bei der Verwertung
> unterstützt Leber, Milz, Gallenblase, Herz-Kreislauf-System, Haut, Pankreas, Dünn- und Dickdarm
> stoffwechselanregend
> mit beteiligt an der Pigmentbildung der Haut

Symptome bei Mangelerscheinungen

Allgemeinzustand

Hunde, die an einem Kalium-sulfuricum-Mangel leiden, sind oft übergewichtig und immer hungrig. Sie neigen zu chronischen Erkrankungen und altern häufig schneller als andere Hunde. Ihre Haut ist trocken, schuppig, sie leiden unter büschelweisem Haarausfall und neigen zu Warzenbildung. Die Haut dieser Hunde heilt schlecht und sie neigen zur Bildung von Abszessen.

Psyche

Die betroffenen Hunde sind eigentlich sehr träge, oft dick und immer hungrig. Sie können überhaupt nicht mit Enge und Druck umgehen und reagieren in Situationen, in denen sie sich in die Enge getrieben fühlen oder körperliche Enge (z. B. eine Transportbox) spüren, ängstlich bis panisch. Zum Teil werden diese Hunde dann sogar zu Angstbeißern und sie sind unberechenbar. Sie lieben die frische Luft und möchten ständig hinaus. Ansonsten haben sie wenig Selbstvertrauen, sind rangniedrig und meiden deshalb den Kontakt zu Artgenossen.

Ausscheidungen, Absonderungen

Gelb, schleimig, käsig riechend, ockerfarben, gelbe Krusten

Anwendungsgebiete

Haut, Fell

Hilfreich bei allen akuten und chronischen Hauterkrankungen, wie z. B. Ekzemen, chronischen entzündlichen Hauterkrankungen; bei vermehrter Schuppenbildung; allergische Ausschläge mit und ohne Juckreiz; zur Unterstützung im Fellwechsel und bei schlecht wachsendem Fell; eitrige Entzündungen, Wunden, Geschwüre, Abszesse, Hautinfektionen

Leber, Galle

Funktionelle Anregung der Leberzellen; bei Lebererkrankungen wie Leberentzündung, Leberschwellung, Fettleber, Leberzirrhose und bei Leberfunktionsstörungen; regt die Gallenblase an

Atemwege

Chronische und/oder eitrige Erkrankungen der oberen und unteren Atemwege mit gelb-ockerfarbenem Auswurf; Asthma

Bewegungsapparat

Alle chronischen Gelenkerkrankungen; wandernde Gelenkschmerzen; Entzündungen der Gelenke und Knochenhaut; Neigung zu Muskelkater und -verhärtungen

Auge, Ohr

Akute und chronische Bindehautentzündung mit gelben Krusten am Lidrand; akute und chronische Ohrenentzündung mit verstärkter Ohrenschmalzbildung; Neigung zur Taubheit

Niere, Blase, Harnwege

Chronische Entzündung der Blase und Nieren; zur allgemeinen Nierenstärkung

Hormonsystem

Hündinnen: chronische Entzündung der Eileiter, Gebärmutter und des Gesäuges; hormonregulierend

Magen-Darm-Trakt

Chronische Magen-, Darm- und Schleimhautentzündungen; gelblicher Durchfall und Erbrechen

Sonstiges

Bei allen chronischen Entzündungen; stoffwechselanregend als Hilfe zur Entgiftung und Entschlackung; bei gestörter Fettverdauung; eitrige Entzündungen (z. B. Zahnvereiterungen, Hauteiterungen)

Verbesserung/Verschlechterung

> Verbesserung durch frische kühle Luft
> Verschlechterung am Abend, nachts, in zu warmer Wohnung, bei Enge und durch Nässe

Salbe

Kalium sulfuricum ist das Salz der 3. Entzündungsphase, ein Funktionsmittel für die oberste Hautschicht und hat einen engen Bezug zu den Schleimhäuten. So lässt sich die Salbe gut bei chronischen Hauterkrankungen einsetzen wie z. B. Ekzemen, besonders wenn diese mit Hautjucken, Schuppen, Eiterbläschen und Papeln einhergehen. Die Haut ist dabei trocken und hart. Außerdem hilft sie, als Umschlag angewendet, bei Gelenkschmerzen und bei allen Gelenkerkrankungen. Beim Reiter hilft sie, auf Rücken und Brust aufgetragen, sehr gut gegen chronischen Husten mit ockergelbem Auswurf.

Nr. 7 Magnesium phosphoricum
Magnesiumphosphat
Regelpotenz D6

- Salz der Muskeln und Nerven
- Krampf- und Schmerzmittel
- Akutmittel

Allgemeines

Magnesium phosphoricum wirkt sehr schnell bei plötzlichen, blitzartig auftretenden Beschwerden. Bei längerem Geschehen, wie z. B. zur Unterstützung des Aufbaus von Knochen, muss es länger gegeben werden, bevor es wirkt.

Es ist, neben seinen positiven Wirkungen auf die Muskulatur, ein Funktionsmittel für das Nervensystem und wirkt in Kombination mit Salz Nr. 5 bei vielen psychisch bedingten Leiden, deshalb stuft man es auch als zweites Nervensalz ein.

Durch seine schmerzstillende Funktion wird es auch als homöopathisches Aspirin bezeichnet.

Trächtige Hündinnen haben oft einen erhöhten Bedarf an Magnesium phosphoricum, aber auch bei der Geburt ist es ein wichtiger Helfer, da ein Mangel dazu führen kann, dass die Muskeltätigkeit abgeschwächt wird (Pressen ist dadurch erschwert).

Magnesium phosphoricum wirkt am besten als sogenannte Heiße Sieben. Hierzu löst man 5–10 Tabletten des Salzes Nr. 7 in 200 ml heißem Wasser auf und gibt dem Hund alle 5 Minuten 10 ml ins Maul.

Wirkungsorte/Vorkommen

Nerven- und Muskelzellen, Gehirn, Rückenmark, Leber, Lunge, Herz, Milz, Pankreas, Nieren, Darm, Schilddrüse

Wirkrichtung

> beeinflusst alle unwillkürlichen Tätigkeiten des Körpers, soll heißen: alle Prozesse, die nicht dem Willen zugänglich sind wie z. B. Herzfunktion, Drüsentätigkeit und Verdauung (Darmperistaltik), Muskelfunktionen, vegetatives Nervensystem, Geburt, Funktion der Gallengänge und Harnleiter

> sorgt für rhythmische gleichmäßige Bewegungen im Körper (bei Mangel kommt es zur Starre und Krampf)

> beruhigend (motorisch und nerval)

> dämpft die Nervenübertragung in Muskeln

> setzt Spannung/Tonus der glatten Muskulatur herab
> fördert die Bildung der schützenden Hüllen des Körpers (z. B. Periost des
  Knochens) und verleiht so Knochen und Zähnen Festigkeit und Form
> senkt den Grundumsatz und dadurch den Cholesterinspiegel im Blut
> spasmolytisch
> lindert Juckreiz
> analgetisch (blitzartig einschießende, bohrende Schmerzen)
> Basenbildner
> antiallergisch
> hilft bei der Ableitung von Gasen (z. B. Ammoniak)

Symptome bei Mangelerscheinungen

Allgemeinzustand

Die Hunde sind mager, lassen sich ungern anfassen, da sie extrem empfindlich sind
und schon bei den leichtesten Berührungen zucken. Eine Neigung zu Krämpfen, Zuckungen und Verspannungen ist bei diesen Hunden recht häufig anzutreffen sowie
eine erhöhte Anfälligkeit zu Bauchkrämpfen. Häufig haben sie Allergien und leiden
unter starkem Juckreiz.

Psyche

Die Hunde, die an einem Mangel an Nr. 7 leiden, stehen ständig unter Spannung,
sie sind unruhig, neigen zu Überreaktionen und Hysterie. In starken Stresssituationen
sind sie extrem ängstlich und kopflos.
Die Hunde neigen zu Zwangsverhalten, wie z. B. Verstümmelung, Schwanzbeißen,
Lecken, um den inneren Druck loszuwerden.
Außerdem können sie sich nur schlecht konzentrieren und leiden unter Schlafproble-
men (starkes Zucken und Bellen im Schlaf).

Ausscheidungen, Absonderungen

Käsig, mehlartig

Anwendungsgebiete

Bewegungsapparat

Störungen im Bereich der Muskulatur wie Schmerzen, Krämpfe, Schwäche, Muskelkater, Verhärtung, Zittern, Zerrungen und Verspannungen; Schmerzen (besonders
krampfartige, stechende, schießende) in den Gelenken, Knochen und beim Wachstum; Gelenkprobleme aller Art

Magen-Darm-Trakt
Alle Krämpfe im Magen-Darm-Bereich; verminderte Darmtätigkeit; Ableitung von Gasen aus dem Körper (Blähungen); krampfartiger Durchfall und Verstopfungen; nervöse Magen-Darm-Beschwerden

Nervensystem
Nervenerkrankungen wie Lähmungen, Schmerzen, Entzündung und Zuckungen; nervöse Magen-Darm-Beschwerden

Psyche
Rasche Erregbarkeit und innere Unruhe; Konzentrationsschwäche

Atemwege
Krampfartige Atemwegsprobleme wie Husten und Asthma; Schleim löst sich schwer; Entzündungen im Kehlkopf und Rachen

Herz, Kreislauf
Reguliert die Herzfunktion z. B. bei Herzrhythmusstörungen; stärkt das Herz bei Herzleistungsschwäche

Haut, Fell
Starker Juckreiz; Haarausfall, grundsätzlich und bei kreisrundem; allergisches Ekzem

Niere, Blase, Harnwege
Schmerzen und Koliken im Bereich von Blase, Niere und Harnwegen; schmerzhafter Harndrang; Blasenentzündung mit Blasenschwäche und Reizblase; Harngrieß und Blasensteine

Hormonsystem
Hündinnen: zur Unterstützung vor, während und nach der Geburt

Lymphsystem
Lymphknotenschwellungen; Schwäche des Lymphsystems

Sonstiges
Krämpfe aller Art; unterstützende Wirkung auf alle Drüsen des Körpers; dient zur Aufrechterhaltung des Säure-Basen-Gleichgewichts; Fieber mit Schüttelfrost; Glaukom; Allergien

Verbesserung/Verschlechterung

> Verbesserung durch Wärme (eindecken), Druck (einrollen), Ruhe und nach Einsetzen der Läufigkeit
> Verschlechterung durch leichte Berührungen, Kälte, nachts (gegen 3 Uhr am schlimmsten) und durch zu viel Bewegung

Salbe

Magnesium phosphoricum wirkt unter anderem entspannend auf die Muskulatur und hilft so bei vielen muskel- und nervenbedingten Leiden, wie etwa Muskelkrämpfen, Verspannungen, Krämpfen und Nervenschmerzen.
Die Anwendung der Salbe hat sich besonders bei plötzlichen, einschießenden Schmerzen bewährt, die oft krampfartig auftreten. Auch bei allergischem Juckreiz, nervös bedingten Hautleiden und Durchblutungsstörungen ist sie eine große Hilfe, um die Beschwerden zu lindern. Sie ist eine der wichtigsten Salben in der Schüßler-Therapie.

Gut zu wissen – Die sogenannte Heiße Sieben hilft auch beim Menschen, z. B. sehr gut bei Muskelkater, Bauchschmerzen und/oder Kopfschmerzen. Hierzu werden 10 Tabletten in 200–250 ml heißem Wasser aufgelöst und langsam schluckweise getrunken.

Nr. 8 Natrium chloratum
Natriumchlorid (Kochsalz)
Regelpotenz ist D6

- Salz des Flüssigkeitshaushaltes
- Entgiftungsmittel

Allgemeines

Kochsalz (Natriumchlorid) ist eines der bekanntesten und am häufigsten verwendeten Salze der Welt. Für den menschlichen und tierischen Körper ist es in großen Mengen schädlich, da es z. B. den Blutdruck erhöht. Als Schüßler-Salz wirkt es durch seine Potenzierung allerdings anders und in keinem Fall schädlich. Das biochemische Kochsalz reguliert den Flüssigkeitshaushalt des Körpers und wirkt so positiv bei vielen Erkrankungen, die mit einer Entgleisung des Flüssigkeitshaushaltes zu tun haben. Es lässt sich z. B. bei tränenden Augen (zu viel Flüssigkeit), aber auch bei trockenen Augen (zu wenig Flüssigkeit) anwenden, ein anderes gutes Beispiel sind Durchfall und Verstopfung, auch hier hilft die Nr. 8 sehr gut. Darüber hinaus hat es eine enge Beziehung zu allen nicht gut durchbluteten Geweben, wie Knorpel, Bandscheiben, Sehnen, Bändern, Augenlinsen. Hier wirkt es aber sehr langsam und muss über einige Monate gegeben werden. Anders sieht es im Bereich der Schleimhäute, der Haut und bei Problemen des Flüssigkeitshaushaltes aus, hier wirkt die Nummer 8 sehr schnell.

Wirkungsorte/Vorkommen

Extrazelluläre Flüssigkeit, Knochen, Knochengewebe, Magen, Nieren, Schleimhäute, Blut, Verdauungsapparat

Wirkrichtungen

> reguliert den gesamten Flüssigkeitshaushalt
> ist zuständig für die Wärmeregulierung des Körpers
> an der Bildung der Salzsäure im Magen beteiligt
> bindet Giftstoffe und kann sie unschädlich machen
> vermehrt die Anzahl der roten Blutkörperchen
> wirkt wasseranziehend
> bildet Knorpelgewebe und Gelenkschmiere
> bindet und bildet Schleim
> begünstigt die Zellteilung
> reguliert den Säure-Basen-Haushalt

Symptome bei Mangelzeichen

Allgemeinzustand

Hunde, die unter einem Mangel an Natrium chloratum leiden, neigen zu Erkrankungen, die mit zu viel (z. B. Fließschnupfen, Durchfall, tränende Augen) oder zu wenig (z. B. trockene Haut, Verstopfung oder eine trockene Nase) Flüssigkeit einhergehen. Die Hunde haben ein vermehrtes oder fehlendes Durstgefühl und übertriebene oder mangelnde Schweißbildung. Sie sind sehr gefräßig, aber trotzdem mager und oft sehr schwach. Auffällig ist auch ihr starkes Verlangen nach Salz, so lecken sie liebend gerne Hände und Füße von Menschen.

Psyche

Diese Hunde mögen keinerlei Veränderungen, sind sehr nachtragend, wirken oft traurig und abwesend. Sie hängen übermäßig an ihren Besitzern – sind diese nicht da, trauert der Hund sehr stark und lässt sich nicht trösten oder ablenken. Anderen Hunden gegenüber sind sie abweisend und meiden den Kontakt zu ihnen. Sie sind rasch müde und besitzen wenig Lebensenergie und Lebensfreude.

Ausscheidungen, Absonderungen

Ätzend, brennend, scharf, dünn, hell, wässrig, glasig, schleimig, salzig

Anwendungsgebiete

Atemwege

Erkältungskrankheiten mit Fließschnupfen; Bronchitis, trocken und schleimig, sowie Reizhusten; verstopfter Tränen-Nasen-Kanal; trockene Nase

Bewegungsapparat

Gelenkerkrankungen wie Knorpelschäden, Gelenkgeräusche, Schwellungen, Schwäche, Arthrose, Arthritis, knackende Gelenke; Ödeme; Muskelprobleme wie Schwäche, Muskelkater, Muskelriss; Sehnenprobleme aller Art, wie z. B. Sehnenscheidenentzündung und Verhärtungen; Quetschungen oder Zerrungen

Haut, Fell

Verbrennungen/Sonnenbrand; Ödeme; Schweißregulierung; trockene, brüchige, spröde Krallen; Hautpilzerkrankungen; diffuser Haarausfall; Ekzem, nässend und trocken; Wunden mit Schwellung; Juckreiz mit trockener, schuppiger Haut

Niere, Blase, Harnwege

Entzündungen der Blase, Harnwege und der Nieren; als Stärkung bei Nierenfunktionsstörungen; gestörte Harnausscheidung; Nierengrieß/-steine

Auge, Ohr
Trockenes Auge und tränendes Auge; entzündete Lidränder; akute und chronische Augenerkrankungen wie z. B. Glaukom, Grauer Star und Linsentrübung, Bindehautentzündung; trockenes Ekzem der Ohrmuschel

Magen-Darm-Trakt
Verstopfung und Durchfall, auch wenn sie im Wechsel vorkommen; Salzsäureregulation bei Magenerkrankungen wie z. B. Gastritis; trockene Schleimhäute; Erbrechen von Wasser, Schleim, Schaum

Hormonsystem
Hündinnen: Fehlgeburt, drohende und danach; Wehenschwäche; regt die Milchproduktion an; Läufigkeit mit klarem Ausfluss

Herz, Kreislauf
Herzrhythmusstörungen; zur Kreislaufstärkung

Sonstiges
Insektenstiche; Anämie; Allergien; Durst, vermindert oder vermehrt; Ödeme aller Art; Ausgleich Säure-Basen-Haushalt; Entgiftung/Ausleitung z. B. nach Impfungen, Antibiotika oder Medikamentengabe

Verbesserung/Verschlechterung

> Verbesserung durch Ruhe, trockenes warmes Klima, trockene kühle frische Luft, Schwitzen und am Abend
> Verschlechterung bei kaltem feuchtem Wetter, Hitze, in der Sonne, bei Anstrengung, Frost, Kälte (feuchte Kühle), vormittags und bei psychischem Stress

Salbe

Natrium chloratum reguliert den Flüssigkeitshaushalt und ist so für alle Erkrankungen geeignet, die mit Trockenheit und Nässe einhergehen, wie Hauteinrisse, trockene Haut im Allgemeinen, nässende und trockene Wunden, Flechten, Schuppen, Hautpilz, Nesselausschlag und Bläschen. Bei nässenden Hauterkrankungen und bei Verbrennungen empfiehlt es sich, einen Tablettenbrei anstatt der Salbe anzuwenden. Dazu nimmt man einige Tabletten und löst sie in etwas Wasser auf, sodass ein Brei entsteht. Dieser Brei wird dann, genau wie die Salbe, auf die betroffene Stelle aufgetragen. Außerdem kann man die Salbe anwenden bei entzündeten Talgdrüsen, Insektenstichen, Sehnenproblemen und Gelenkschwellungen.

Nr. 9 Natrium phosphoricum
Natriumphosphat
Regelpotenz ist D6

- Salz des Stoffwechsels
- Entsäuerungsmittel

Allgemeines

Natrium phosphoricum reguliert alle Säuren des Körpers, wie z.B. Harnsäure, Milchsäure (Muskel), Kohlensäure, Salzsäure, Essigsäure, Fettsäure.

Wenn zu viel Säure im Körper vorhanden ist, kommt es zur Entmineralisierung von mineralstoffreichen Bestandteilen des Körpers wie Zähnen und Knochen. Außerdem führt der Überschuss zur Kristall- und Steinbildung in den verschiedensten Organen wie z.B. in der Harnblase und den Gelenken. Dadurch kommt es zu Erkrankungen des Bewegungsapparates, des Harnapparates, des Gefäßsystems, der Haut und der Lymphdrüsen. Ein gesteigerter Säurewert im Körper begünstigt das Wachstum von Bakterien, Pilzen, Viren und das Immunsystem wird geschwächt.

Weitere Folgen eines Säureüberschusses können Muskelkater (durch erhöhte Milchsäure) und Magenübersäuerung durch zu viel Salzsäure sein.

Neben seiner Wirkung als Entsäuerungsmittel hat die Nr. 9 auch einen großen Einfluss auf den Gesamtstoffwechsels (besonders den Fettstoffwechsel). Kommt es hier zu Störungen, kann der Hund sehr krank werden. Darüber hinaus hat Natrium phosphoricum eine positive Wirkung auf das Lymphsystem und hilft bei Erkrankungen in diesem Bereich.

Bei starker Übersäuerung sollte Nr. 9 immer in Kombination mit Silicea Nr. 11 gegeben werden, außerdem kann zusätzlich Salz Nr. 23 gegeben werden.

Gut zu wissen — Achtung: Eine Entsäuerung durch sogenanntes Basenpulver ist für den Hund und auch für den Menschen nicht geeignet. Es irritiert die säureproduzierenden Belegzellen des Magens und die Bauchspeicheldrüse und kann so zu gesundheitlichen Störungen führen. Besser ist es, mithilfe von Schüßler-Salzen entsäuern.

Vorkommen/Wirkungsorte

Blutkörperchen, Muskel-, Nerven- und Gehirnzellen, Extrazellularraum, Gewebeflüssigkeit, Magen, Lymphe

Wirkrichtungen

> aktiviert den Stoffwechsel
> hat Einfluss auf den Säure-Basen-Haushalt (puffert Säure)
> es wandelt Säuren in ausscheidbare Endprodukte um (z.B. Harnsäure in Harnstoff) und entsäuert so den Organismus
> regt den Fettstoffwechsel an
> unterstützt den Zuckerabbau
> wirkt entgiftend
> fördert die Harnausscheidung
> mild abführend
> entschlackend

Symptome bei Mangelzeichen

Allgemeinzustand

Bei einem Mangel sind die Hunde meist übergewichtig, träge und immer hungrig. Mit dem Abnehmen haben sie große Probleme und neigen zu Steinbildung in Gallenblase, Niere und Blase. Ihre Haut ist fettig oder trocken, sie haben Schuppen und es ist eine starke Neigung zu Fisteln, Pickeln, Geschwüren und Talgdrüsenerkrankungen vorhanden. Außerdem besteht eine große Neigung zu Übersäuerungskrankheiten und zahlreiche Hunde riechen auch säuerlich. Bei vielen Hunden sind Gelenk- und Lymphknotenschwellungen vorhanden.

Psyche

Die Hunde sind chronisch müde, erschöpft und wirken oft depressiv. Sobald man sie fordert/überfordert, reagieren sie stur und bockig und wollen mit allen Mitteln ihren eigenen Kopf durchsetzen. Ihre Bezugspersonen lassen sie ihre Unzufriedenheit besonders spüren, indem sie auch mal zuschnappen und knurren. Bei fremden Personen verhalten sich die Hunde hingegen meist tadellos. Bewegung mögen sie überhaupt nicht, lieber liegen sie in ihrem Körbchen. Durch Fressen lassen sie sich allerdings etwas motivieren.

Ausscheidungen, Absonderungen

Brennend, eitrig, flockig, honiggelb, rahmartig, dick, fettige Ausschwitzungen, sauer riechend, eingetrocknet bilden sich honiggelbe Krusten, sauer riechende Absonderungen wie Schweiß, Harn, Durchfall.

Anwendungsgebiete

Bewegungsapparat
Gelenkerkrankungen wie z.B. Gelenkverdickungen, Arthritis, Arthrose, Gelenkschwellungen, Gelenkknacken; Muskelerkrankungen wie Schmerzen und Krämpfe; Sehnenprobleme, wie Sehnenentzündungen; Schleimbeutelentzündung; Zerrungen; Neigung zu Knochenbrüchen

Haut, Fell
Verstopfte und entzündete Talgdrüsen; juckende Haut (durch erhöhte Harnsäure verursacht); schlechtes Fell, spröde, fettig oder fettarm, fettige Schuppen, Fettgeschwulst; Neigung zu Aphthen, Fisteln, Pickeln, Geschwüren, Abszessen, Furunkeln und Eiterungen; Entzündungen mit rotem Hof und schlecht heilende Wunden; saurer Körpergeruch; Verbrennungen/Sonnenbrand

Niere, Blase, Harnwege
Reizblase durch erhöhte Harnsäure; Entzündungen von Nieren und Blase; Behandlung und Prophylaxe von Blasen- und Nierensteinen sowie Harngrieß

Magen-Darm-Trakt
Magenerkrankungen wie Gastritis, Geschwüre, nervöser Magen, Übersäuerung; saures Erbrechen; gelblich-grünliche, sauer riechende Durchfälle, Verstopfung; Koliken und Blähungen; Abmagerung durch Übersäuerung (Magengeschwür)

Atemwege
Bronchitis mit dickem gelbem Auswurf; Schnupfen; Hals-, Rachen- und Kehlkopfentzündungen mit Schwellung und Eiterungen

Auge, Ohr
Grauer Star; Bindehautentzündung mit Lichtempfindlichkeit; chronische Augenerkrankungen; Ohrenentzündung mit eitrigem gelbem Ausfluss; vermehrter Ohrschmalz

Stoffwechsel
Entgiftung/Ausleitung z.B. bei Vergiftungen; Ausgleich Säure-Basen-Haushalt; wirkt stoffwechselanregend und hilft so z.B. bei Fettstoffwechselstörungen

Hormonsystem
Hündinnen: Gesäugeentzündung
Rüden: Prostataentzündung und Vergrößerung; verminderter Geschlechtstrieb

Sonstiges
Immunschwäche; Lymphprobleme, wie Drüsenschwellungen; unterstützend bei der Entwurmung; Übergewicht; allgemeine Schwäche; Gallensteine; Drüsenerkrankungen wie z. B. Eiterungen, Schwellungen und Verhärtungen

Verbesserung/Verschlechterung

> Verbesserung durch Schwitzen, Ruhe, Entspannung, mäßige Bewegung und Schutz vor Zugluft
> Verschlechterung bei zu viel Bewegung, feucht-kaltem Wetter, Hitze, nach dem Fressen und am Morgen.

Salbe

Natrium sulfuricum reguliert den Säurehaushalt und den Fettstoffwechsel im Körper. Die Salbe hilft bei allen Erkrankungen, die aufgrund von zu viel Säure im Körper entstanden sind. Dazu gehören z. B. die vermehrte Absonderung von Talg und die möglichen Folgen wie z. B. Talgdrüsenentzündung und fettige Haut. Außerdem hilft sie bei Bläschen/Pusteln mit honiggelbem Inhalt und saurem Schweiß, bei Sehnenproblemen in Kombination mit Salbe Nr. 4 und Nr. 11, bei Furunkeln, Drüsenschwellungen, Gelenkschwellungen und Lymphdrüsenschwellung.

Gut zu wissen – Stoffwechselprobleme äußern sich meist schon, bevor es zu ernsten gesundheitlichen Schäden kommt, durch Symptome, wie etwa Müdigkeit, schlechtes Fell, Fellwechselprobleme, Hautprobleme oder leicht erhöhte Blutwerte. Diese Alarmsignale sollte man ernst nehmen und seinem Hund mit sanften Methoden helfen, die Störungen zu überwinden. Die Nr. 10, Natrium sulfuricum, ist das Hauptmittel zur Entschlackung und Entgiftung. Weitere auf den Stoffwechsel wirkende Mittel sind die Salze Nr. 6, 9 und 11. Eine Kur aus diesen 4 Salzen lässt sich sehr gut 1–2-mal jährlich für 4–6 Wochen zur Unterstützung anwenden. Der beste Zeitpunkt für diese Kur ist der Fellwechsel, da viele Hunde in dieser Zeit zusätzlich geschwächt sind und die Salze hier unterstützend auf den Körper wirken.

Nr. 10 Natrium sulfuricum
Natriumsulfat, Glaubersalz
Regelpotenz ist D6

- Salz der Entgiftung und Ausscheidung
- Leber-, Entschlackungs- und Stoffwechselmittel

Allgemeines

Natrium sulfuricum ist das Entgiftungs-, Stoffwechsel- und Ausscheidungsmittel der Schüßler-Salze. Es wirkt positiv auf alle Ausscheidungsorgane (Leber, Galle, Pankreas, Darm, Niere und Haut), hilft dem Körper, so Gift- und Schlackenstoffe auszuscheiden, und kann bei allen Erkrankungen dieser Organe angewendet werden. So ist es eine ideale Ergänzung zu allen entgiftenden und ausleitend wirkenden Salzen, da es diese in ihrer Funktion unterstützt.

Durch seine positive Wirkung auf die Leber wird es auch als Lebermittel der Schüßler-Therapie bezeichnet. Ein weiteres wichtiges Lebermittel ist die Nr. 6, beide Salze lassen sich bei Leberproblemen sehr gut kombinieren.

In seiner entwässernden Wirkung hat es einige Ähnlichkeiten zum Salz Nr. 8, Natrium chloratum, sie haben beide eine große Wirkung auf den Flüssigkeitshaushalt im Körper. Doch während Salz Nr. 8 die Flüssigkeitsverhältnisse innerhalb des Körpers reguliert und Wasser in die Zellen zieht, zieht die Nr. 10 das Wasser aus den Zellen und bewirkt seine Ausscheidung über Niere, Harnwege und Haut. Bei einem Mangel an Salz Nr. 10 kommt es zu Verwässerung des Körpers und des Blutes, in der Folge entstehen Ödeme. Ist die Verwässerung zu stark, kommt es zu starken Gegenreaktionen seitens des Körpers, die sich z. B. in Schüttelfrost, Muskelkrämpfen oder offenen Beinen äußern.

Wirkungsorte/Vorkommen

Körpersäfte, extrazellulärer Raum, Leber, Galle, Nieren, Darm

Wirkrichtungen

> Abtransport von Giften und Schlackenstoffen aus dem Körper
> regt die Ausscheidungsorgane an
> stoffwechselanregend
> unterstützt die Leber
> unterstützt den Abbau von Fetten
> entzündungshemmend

> fördert den Gallefluss
> reizt die Harnblase zur Entleerung
> wirkt antiödematös
> entwässernd (schwemmt Wasser aus dem Körper)
> zieht Wasser aus den Zellen

Symptome bei Mangelzeichen

Allgemeinzustand

Hunde, die Nr. 10 benötigen, sind meistens dick und wirken zum Teil aufgedunsen. Ihre Augäpfel können gelblich sein und sie neigen zu Lebererkrankungen. Stinkende Durchfälle kommen bei diesen Hunden recht häufig vor, ebenso wie Gelenkschmerzen und Schwellungen. Sie leiden sehr oft an Ödemen aller Art und nässenden Hauterkrankungen. Die Hunde frieren schnell, mögen aber keine Hundedecken und wollen nicht zugedeckt werden. Sie altern frühzeitig und geben sich schnell auf.

Psyche

Die Hunde sind träge, faul, schlafen viel und sind meist viel zu matt und müde, um zu spielen. Ihre Mitarbeit ist schlecht, in der Hundeschule liegen sie lieber am Rand des Geschehens, beobachten die anderen und verweigern jegliche Bewegung. In Stresssituationen können sich diese Hunde allerdings ganz anders verhalten, sie rasten ganz plötzlich aus und können dann auch mal zuschnappen. Anderen Hunden gegenüber reagieren sie oft sehr aggressiv, vor allem wenn diese sie nerven.

Ausscheidungen, Absonderungen

Grünlich-gelblich, bitter, wässrig, gallig, Durchfall riecht wie faule Eier.

Anwendungsgebiete

Leber, Galle

Hauptmittel für alle Lebererkrankungen wie z. B. Funktionsstörungen, Schwellungen, Stau, Entzündung; fördert die Ausscheidung von Gallensäuren und regt so die Verdauung an; Gallenblasenentzündung; Gallestau und Steine

Haut, Fell

Nässende Hautauschläge, Geschwüre, Wunden; Fettgeschwülste; Hautpilzerkrankungen; Ödeme; gelbe Haut

Niere, Blase, Harnwege

Entzündung der Nieren und Blase mit Blasenschwäche; zur Blasenanregung; Schmerzen beim Harnabsatz; Nierenkolik; Harnverhalten

Magen-Darm-Trakt

Koliken mit Blähungen; Durchfall im Wechsel mit Verstopfung; Magen-Darm-Entzündungen; Erbrechen, gallig, schleimig

Bewegungsapparat

Gelenkerkrankungen wie geschwollene Gelenke, Gelenkergüsse, knackende Gelenke; Ödeme; Schleimbeutelentzündung

Atemwege

Wässriger Husten und trockener Husten; Schnupfen; Lungenödem; Husten mit festsitzendem Schleim

Auge, Ohr

Verstopfter Tränen-Nasen-Gang; Bindehautentzündung; tränende Augen; geschwollene Augen; vermehrte Ohrschmalzproduktion; grüner Star; gelbliche Verfärbung des Augapfels

Stoffwechsel

Ausleitung/Entgiftung; Ausgleich Säure-Basen-Haushalt; stoffwechselanregend, den Fettstoffwechsel anregend; Übergewicht; Vergiftungen, erhöht die Ausscheidung giftiger Stoffe; Diabetes, regt die Insulinproduktion an

Sonstiges

Nach Antibiotikagabe; Durchblutungsstörungen; Entzündung der Bauchspeicheldrüse; Allergie

Verbesserung/Verschlechterung

> Verbesserung durch Wärme, bei trockenem Wetter und bei warmem Klima
> Verschlechterung durch feucht-kalte Witterung, am Morgen, durch feuchte Anwendungen und bei Bewegung

Salbe

Natrium sulfuricum baut Schlacken und Giftstoffe im Körper ab und hilft, sie auszuscheiden. Bei einem Mangel kommt es zu z. B. zur Verschlackung des Bindegewebes. Die Salbe eignet sich, um die äußere Entgiftung zu unterstützen. Man kann sie bei Hautpilz, eitrigen Hautausschlägen mit grünlich gelb wässrigem Bläscheninhalt, Frostbeulen, Ödemen, Nervenschmerzen und Hautleiden, die bevorzugt im Frühjahr auftreten, verwenden.

Nr. 11 Silicea

Siliziumdioxid, Kieselerde, Kieselsäure
Regelpotenz ist D12

- Salz des Bindegewebes und der Haut
- Altersmittel

Allgemeines

Kieselsäure ist eines der ältesten Heilmittel der Welt, ihre Heilkraft wurde schon auf Papyrusrollen beschrieben. Sie enthält sehr viel Silizium, das nach dem Sauerstoff zweithäufigste Element der Erde. Forschungen haben ergeben, dass Menschen, die siliziumreiches Wasser trinken, fast überhaupt nicht an Gefäßverkalkungen erkranken. So ist *Silicea* ein wichtiges Gefäßtherapeutikum, sowohl als Prophylaxe wie auch zur Behandlung von Erkrankungen in diesem Bereich.

Silicea ist zuständig für Struktur, Kraft, Feuchtigkeitshaushalt, Widerstandsfähigkeit und Elastizität von Geweben. Fehlt Kieselsäure im Körper, kommt es zu Haarausfall, brüchigen Nägeln, Falten, Bindegewebs-, Bänder-, Knochen- und Knorpelschäden.

Im Alter lässt die Konzentration im Körper nach, deshalb ist es besonders bei alten Hunden wichtig, auf eine optimale Versorgung zu achten. Denn Hunde, die an einem Mangel leiden, altern frühzeitig.

Außerdem wirkt es positiv auf die Nerven und den Bewegungsapparat.

Silicea wirkt sehr tief greifend und umstimmend auf den gesamten Organismus und wirkt aus diesem Grund sehr langsam. So muss Salz Nr. 11 lange Zeit gegeben werden, zum Teil sogar über Jahre.

Die Nr. 11 löst gebundene Säuren. Um diese aus dem Körper zu schleusen, sollte die Nr. 9 als Begleitsalz gegeben werden, nur erfahrene Therapeuten sollten Silicea alleine geben. Am besten am Abend füttern.

Bei Bindegewebsleiden wirkt es sehr gut in Kombination mit Salz Nr. 1.

Wirkungsorte/Vorkommen

Alle Gewebe des Körpers, besonders Haut, Bindegewebe, Knochen, Nerven, Haare, Hautanhangsgebilde, Knorpel, Bänder, Sehnen

Wirkrichtungen

> festigt (strafft) und baut die Struktur von Gelenken, Haut, Haaren, Klauen, Bindegewebe auf
> reguliert die Schweißbildung

> glättet wuchernde Narben
> verbessert das Knochenwachstum und unterstützt die Bildung von Knochenzellen
> verbessert die Heiltendenz
> wirkt entblähend (reduziert Fäulnisprozesse im Darm)
> stärkt die Milz
> vermehrt die Produktion von Phagozyten und regt sie an
> entschlackend
> löst harnsaure Kristallablagerungen
> hilft Eiter abzubauen und auszuschleusen
> löst Blutergüsse
> begünstigt die Aufnahme von Kalzium
> regt die Bildung von Kollagen an
> baut die Leitfähigkeit der Nerven auf
> löst gebundene Säuren (deshalb als Laie immer in Kombination mit Nr. 9 geben)

Symptome bei Mangelzeichen

Allgemeinzustand

Hunde, denen Silicea fehlt, sind meist sehr dünn, obwohl sie gut fressen. Sie sind
sehr kälteempfindlich. In ihrem ganzen Körper fehlt es an Festigkeit und Struktur, so
haben sie oft einen schlaffen Bauch, schwache Bänder und Gelenke und ihr Bindegewebe ist schwach. Das Fell und die Haut dieser Hunde sind in einem schlechten
Zustand (schlaff, trocken, hell, dünn, empfindlich). Sie leiden oft unter Ekzemen,
Abszessen, Eiterungen und starkem Juckreiz. Ihre Krallen sind spröde und rissig und
Wunden heilen bei ihnen sehr schlecht. Da Silicea ein Verjüngungsmittel ist, kommt
es bei einem Mangel zu vorzeitiger Alterung.

Psyche

Silicea-Hunde brauchen in erster Linie Besitzer, die sehr viel Ruhe und Geduld aus-
strahlen, da sie sehr sensibel, ängstlich, schreckhaft, zerbrechlich und äußerst empfindlich gegenüber Reizen wie Geräuschen, Licht und Lärm sind.
Meist handelt es sich aber um sehr gut erzogene, liebe und anhängliche Hunde, die
einfach etwas zu dünnhäutig sind. Sie spüren so z. B., wenn es ihren Besitzern
schlechtgeht, und leiden selbst darunter. Außerdem frieren sie sehr schnell und sind
sehr wählerisch, wenn es um ihr Fressen geht. Sie lernen schnell und gerne, reagieren in Stresssituationen allerdings oft panisch und verkriechen sich. Bei großem Stress
neigen sie zu Übersprungshandlungen wie Pfotenlecken und Knabbern.

Ausscheidungen, Absonderungen

Übel riechend, scharf, eitrig-gelb, gelbe Eiterkrusten, reichlich und gelbe Schuppen

Anwendungsgebiete

Haut, Fell
Bei fast allen Hauterkrankungen wie z.B. Geschwüren, Abszessen, Ekzemen, Ausschlägen, Eiterungen, Fettgeschwulsten, Talgdrüsenentzündungen und Wunden; Bindegewebsschwäche; zur Unterstützung während des Fellwechsels; vermehrter Haarausfall, schlechtes Wachstum; schlecht heilende Narben; Verbrennungen wie z.B. Sonnenbrand; starker Juckreiz

Bewegungsapparat
Erkrankungen der Gelenke und Knochen wie Knochenbrüche (zusammen mit Nr. 1 und Nr. 2), Gelenkschmerzen, Gelenkschwäche, Gelenkschwellung, Gelenkgeräusche, Überbeine, Knochenhautentzündung, Kallusbildung, Arthrose, Arthritis, Hüftdysplasie und Knorpelschäden; Verletzungen wie Blutergüsse, Prellungen, Zerrungen; Erkrankungen des Band- und Sehnenapparates, wie Sehnen-, Sehnenscheidenerkrankungen, Schleimbeutelentzündung; Elastizitätsverlust im Bereich der Bänder und Sehnen; Muskelzerrung, schlechte, rissig, trockene, spröde Krallen

Zähne
Karies und Zahnvereiterungen

Niere, Blase, Harnwege
Entzündung der Blase und der Nieren; Behandlung und Prophylaxe bei Harngrieß, Blasen- und Nierensteinen; Harnsäureerhöhung

Nervensystem
Nervenentzündungen; Zuckungen; Geräusch- und Lichtempfindlichkeit

Magen-Darm-Trakt
Blähungen; Magen- oder Darmgeschwüre

Auge, Ohr
Akute und chronische Augenerkrankungen wie z.B. Bindehautentzündung, Glaukom und grauer Star; Lichtempfindlichkeit; Neigung zu Ohrenentzündungen mit stinkendem Ausfluss; Geräuschempfindlichkeit und Neigung zur Taubheit

Hormonsystem
Hündinnen: Rückbildung der Gebärmutter nach der Geburt und bei Gebärmuttersenkung; regt die Milchproduktion an

Welpen, junge Hunde
Entwicklungsstörungen bei jungen Hunden; Knochendeformierungen bei jungen
Hunden; Nabelbruch; als Unterstützung bei zu schnell wachsenden Welpen

Atemwege
Trockener Husten und Reizhusten

Sonstiges
Beugt Alterserscheinungen vor; Eiterungen aller Art; Drüsenerkrankungen; Aktivierung
der Blutkörperchen; Immunsystem stärkend; Lymphknotenschwellung; Ausleitung/
Entgiftung; Ausgleich Säure-Basen-Haushalt; starkes Schwitzen; allgemeine Schwäche;
alle Arten von Gefäßerkrankungen

Verbesserung/Verschlechterung

> Verbesserung durch Wärme, trockenes Wetter und im Sommer
> Verschlechterung durch Kälte, kalten Luftzug, Witterungswechsel, bei Neu- und
  Vollmond, durch Lärm und am Abend

Salbe

Silicea hat einen sehr engen Bezug zu Haaren, Hufen und Bindegewebe, genau wie
das Salz ist auch die Salbe in diesen Bereichen gut einzusetzen.
Sie wirkt als Nährcreme für die Haut und hat sich besonders bei der Pflege von
trockener und beanspruchter Haut bewährt.
Anwendungsgebiete sind Geschwüre, schlecht heilende Wunden, Furunkel, entzündete Schwielen, trockene Haut, schmerzendes Narbengewebe, Abszesse, Verhärtungen und Falten. Sie hilft Eiterprozesse zum Aufbrechen zu bringen. Wenn sie geöffnet
sind, sollte man Salbe Nr. 12 anwenden.
Bei Bänderschwächen hat sich die Kombination mit Nr. 1 bewährt.

Nr. 12 Calcium sulfuricum

Kalziumsulfat, Gips
Regelpotenz ist D6

- Salz der Regeneration und Reinigung
- Eitermittel

Allgemeines

Schüßler entfernte kurz vor seinem Tod *Calcium sulfuricum* wieder aus der Liste
seiner 12 Salze, da er sich weder über die dauerhafte Anwesenheit des Salzes im
Körper noch seiner Wirkung sicher war. Er fand, dass Salz Nr. 9 und Salz Nr. 11
genauso gut verwendet werden konnten. Im Laufe der Jahre wurde das Salz aber
wieder hinzugefügt und steht so, nicht alphabetisch geordnet, an Stelle Nr. 12.
Seine Hauptwirkung hat es im Bereich chronischer und eitriger Erkrankungen, da es
auf die Regeneration und Ausscheidung des Körpers wirkt. Es ist das wichtigste Eitermittel der Schüßler-Therapie, allerdings wirkt es nur, wenn es eine Öffnung gibt, aus
der der Eiter abfließen kann. Ist dies nicht gegeben, sollte auf Salz Nr. 11 zurückge-
griffen werden.
Es macht das Bindegewebe durchlässig und sorgt so dafür, dass Schlackenstoffe besser abtransportiert werden können. Außerdem wirkt es positiv auf alle Ausscheidungsorgane und unterstützt viele andere Salze in ihrer Wirkung. Deshalb wird es auch hin
und wieder als Jokermittel bezeichnet und kann bei Krankheitsgeschehen, bei denen
der Verlauf nicht wirklich vorangeht, zusätzlich gegeben werden.

Wirkungsorte/Vorkommen

Leber, Galle, Muskeln, Bindegewebe, Dickdarm, Gehirn, Milz, Eierstöcke, Hoden,
Schleimhäute, Drüsen, Haut

Wirkrichtungen

> blutgerinnungsfördernd
> entgiftend
> Abfluss von Eiterungen, wenn einen Öffnung vorhanden
> reinigend für Haut und Schleimhaut
> stoffwechselanregend
> ausscheidungsfördernd
> baut Knorpel auf
> reinigt die Schleimhäute

> regt Zellwachstum an
> klärt die Lymphe

Symptome bei Mangelzeichen

Allgemeines
Hunde, die an einem Calcium-sulfuricum-Mangel leiden, haben eine extrem große Neigung zu Eiterungen aller Art, wie z. B. eitrigen Haut-, Bindehaut-, Nieren-, Rachen- und Blasenentzündungen sowie Abszessen. Ihr Fell und ihre Haut wirken meist käsig und fettig und die Hunde stinken häufig. Oft sind an diesem unangenehmen Geruch auch verfaulte Zähne schuld. Sie wälzen sich gerne in stinkendem Dreck und lieben süßes Essen, Fleisch meiden sie eher.

Psyche
Die Hunde sind hyperaktiv und können sich nur schlecht konzentrieren. Sie sind ihren Besitzern und anderen Hunden gegenüber sehr anhänglich. Bei einer Trennung reagieren diese Hunde mit ausgeprägter Zerstörungswut, die sich gegen Gegen- stände, aber auch gegen sich selbst (Selbstverstümmelung) richten kann. Aber sosehr sie bestimmte Hunde mögen und an ihnen kleben, sind sie anderen gegenüber aggressiv und suchen Streit. Bei Bestrafungen reagieren sie oft mit hysterischem Ver- halten. Diese wechselnden Launen der Hunde, die zwischen Aggression, Hyperaktivi- tät und Ängstlichkeit schwanken, machen es den Besitzern schwer, mit ihnen richtig umzugehen.

Absonderungen, Ausscheidungen
Dick, eitrig, gelb-grün, stinkend, blutig, lockerer Schleim

Anwendungsgebiete

Bewegungsapparat
Gelenkerkrankungen mit Schwellungen, Arthrose und Arthritis; hilft bei der Kallus- bildung und bei Knochenhautentzündung

Haut
Eitrige Entzündungen der Haut; Neigung zu Abszessen, Ekzemen, Fisteln und Furun- keln; Verbrennungen/Sonnenbrand; eiternde Wunden

Auge, Ohr
Bindehautentzündung mit eitrigem Ausfluss; chronische Ohrenentzündung mit zähem gelbem Sekret; Schwellung des Gehörgangs

Niere, Blase, Harnwege
Nieren-, Blasen- und Harnwegsentzündungen mit eitrigem Ausfluss; eitrige Beimengungen im Urin

Atemwege
Eitrige Bronchitis, akut und chronisch; eitriger Schnupfen; alle Katarrhe mit eitrigem Ausfluss

Zähne
Zahnfleischentzündungen und Vereiterungen der Zähne

Magen-Darm-Trakt
Durchfall; Magen- und Dünndarmgeschwüre

Sonstiges
Drüseneiterungen; Drüsenschwellung; Blutgerinnung; Eileiter- und Eierstockentzündung; Leberfunktionsstörungen; Entgiftung und Entschlackung; Rekonvaleszenzzeit

Verbesserung/Verschlechterung

> Verbesserung durch Kühlen
> Verschlechterung durch Wärme

Salbe

Über Calcium-sulfuricum-Salbe ist leider nicht so viel bekannt wie über die anderen Salben. Sie wird vor allem bei Eiterungen, Abszessen, Furunkeln und Fisteln verwendet, wenn diese bereits eine Abflussmöglichkeit haben. Wenn dies noch nicht der Fall ist, sollte erst die Salbe Nr. 11 angewendet werden.

Die 15 Ergänzungsmittel

Auch nach Schüßlers Tod ging die Forschung in Sachen Biochemie weiter und es wurden noch 15 weitere biochemische Mittel ergänzt. Schüßler konnte sie zur damaligen Zeit noch nicht im Körper nachweisen, da sie in geringeren Mengen als die 12 Hauptsalze vorkommen. Der Nachweis war erst mit modernen Analyseverfahren möglich. Die 15 Ergänzungsmittel haben allerdings den Status der 12 Hauptsalze nie erreicht und viele Therapeuten arbeiten ausschließlich mit den Salzen 1–12. Deshalb sind auch nur wenige Details und Forschungsergebnisse zu den Ergänzungsmitteln bekannt.

In der Praxis ist der Einsatz der Hauptsalze meist ausreichend, aber dennoch gehören auch die Ergänzungssalze zu unserem Körper und haben sich bei verschiedensten Erkrankungen bewährt.

Vor der Anwendung der 15 Ergänzungssalze sollten Sie allerdings Erfahrung im Umgang mit den 12 Hauptsalzen haben oder einen Schüßler-Therapeuten hinzuziehen.

Ergänzungssalz 1/Nr. 13 Kalium arsenicosum

Regelpotenz ist D6

- Hautmittel
- Schwächemittel

Allgemeines

Kalium arsenicosum besteht aus dem Mineral Kalium und dem giftigen Arsen. Das Arsen ist natürlich so niedrig dosiert, dass es nicht giftig, sondern heilend wirkt. Das Hauptaugenmerk liegt bei diesem Mittel auf den Hauterkrankungen, außerdem hilft es vor allem bei periodisch auftretenden Beschwerden. Es erhält die Zellkraft, besonders der Haut, Nieren, Schleimhäute und Nerven.

Wirkungsort/Vorkommen

Keratinhaltiges Gewebe, Haut, Gehirn, Nerven, Leber, quergestreifte Muskulatur, Geschlechtsorgane

Wirkrichtung

> entzündungshemmend
> bakterienhemmend
> verlangsamt den Stoffwechsel

Anwendungsgebiete

Hautausschläge und chronische Hautleiden mit starkem Juckreiz; nässende Ekzeme; Abmagerung durch Schwäche; Asthma; wässrige Durchfälle; Lähmungen; Krämpfe; Neuralgien und andere Nervenleiden; Schwäche (auch Nervenschwäche); Ödeme; Haut, trocken und schuppig

Verbesserung/Verschlechterung

> Verbesserung durch trockene Wärme oder Regentage
> Verschlechterung in den Abendstunden, bei Wetterwechsel (Tiefdruck), in der Nacht und durch Wärme; der Juckreiz wird durch feuchte Wärme verschlimmert

Ergänzungssalz 2/Nr. 14 Kalium bromatum
Regelpotenz ist D6

• Beruhigungsmittel

Allgemeines

Kalium bromatum wirkt insbesondere auf die Haut, das Nervensystem und auf die Drüsen, besonders die Schilddrüse, des Körpers. Es ist vor allem bei Schilddrüsenüberfunktion einzusetzen und wirkt dabei positiv auf die nervliche Verfassung der

Erkrankten. Es hilft aber auch bei anderen nervlichen Problemen. Bei Nervosität kann es angewendet werden, wenn die Nr. 7, Magnesium phosphoricum, versagt.

Wirkungsort/Vorkommen

Schilddrüse, Haut, Nervensystem, Gehirn

Wirkrichtung

> entzündungshemmend
> hustenstillend
> beruhigend

Anwendungsgebiete

Beruhigungsmittel bei Aufregung; Unruhe; Drüsenstörungen; nervöse Zuckungen; Schleimhautreizung; Überfunktion der Schilddrüse; nervöses Asthma

Verbesserung/Verschlechterung

> Verbesserung durch Bewegung und bei kühlem Wetter
> Verschlechterung durch Wärme und Hitze

Ergänzungssalz 3/Nr. 15 Kalium jodatum
Regelpotenz ist D6

• Schilddrüsenmittel

Allgemeines

Kalium jodatum ist das einzige Salz, das Jod enthält, und wirkt so regulierend auf die Schilddrüse. Somit ist es das wichtigste Mittel in diesem Bereich. Darüber hinaus wirkt es noch positiv auf Herz und Gehirntätigkeit. Es kurbelt außerdem den Stoffwechsel an, fördert die Verdauung und wirkt appetitanregend.

Wirkungsorte/Vorkommen

Schilddrüse, Herz

Wirkrichtung

> stoffwechselanregend
> verdauungsfördernd
> schmerzstillend
> appetitanregend
> hypotonisch

Anwendungsgebiete

Schilddrüsenerkrankungen und ihre Folgen; erhöhter Blutdruck; Appetitlosigkeit; Gelenkerkrankungen, in Kombination mit den Salzen Nr. 1, 2 oder 11; Abwehrschwäche; Alterserscheinungen

Verbesserung/Verschlechterung

> Verbesserung durch Bewegung, Kälte und an der frischen Luft
> Verschlechterung durch Wärme

Ergänzungssalz 4/Nr. 16 Lithium chloratum
Regelpotenz ist D6

• **Schmerzmittel**
• **Nervenmittel**

Allgemeines

Bei Hunden ist *Lithium chloratum* besonders im Bereich der Harnwege als Ausscheidungsmittel und bei psychischen Problemen anzuwenden. In der Therapie beim Menschen ist es ein hilfreiches Mittel bei Rheuma und Gicht, hier wirkt es unter anderem auch schmerzlindernd.
Im Bereich der Ausscheidung wirkt es ähnlich wie Salz Nr. 8 und lässt sich gut mit ihm kombinieren.

Wirkungsort/Vorkommen

Niere, Nerven, Gelenke, Harnwege

Wirkrichtung

> entsäuernd
> schmerzlindernd
> ausleitend
> begünstigt den Eiweißstoffwechsel
> entgiftend
> entschlackend

Anwendungsgebiete

Rheuma, Gicht (fördert die Ausscheidung von Harnsäure); Gelenkerkrankungen; Abwehrschwäche; Harnwegsinfekte; Abmagerung; Hauterkrankungen; Entschlackung; starke nervliche Belastung; Stimmungsschwankungen

Verbesserung/Verschlechterung

> Verbesserung durch Wärme und Bewegung
> Verschlechterung durch Kälte, psychische Belastungen und in Ruhe

Ergänzungssalz 5/Nr. 17 Manganum sulfuricum

Mangansulfat
Regelpotenz ist D6

• **Blutmittel**

Allgemeines

Manganum sulfuricum fördert die Aufnahme von Eisen und ergänzt in erster Linie Salz Nr. 3, Ferrum phosphoricum, bei Erschöpfung und Blutarmut. Es sollte bei diesen Erkrankungen zusätzlich zur Nr. 3 im Verhältnis 10 : 3 gegeben werden, wobei hier Ferrum phoshoricum an erster Stelle steht.

Wirkungsort/Vorkommen

Blut, Leber, Haut, Atemwege, Knochen

Wirkrichtung

> stoffwechselanregend
> fördert die Eisenaufnahme
> unterstützt die Sauerstoffbindung
> an der Bildung von Hämoglobin beteiligt
> senkt Histamin
> am Knochen- und Knorpelstoffwechsel beteiligt
> Blutbildung und Verteilung

Anwendungsgebiete

Anämie; Blutungen; chronische Hautleiden; Kreislaufstörungen; Ermüdung; Knorpel-schäden; Eisenmangel; Allergien; Herz-Kreislauf-Beschwerden

Verbesserung/Verschlechterung

> Verbesserung bei Wärme
> Verschlechterung durch Wetterwechsel und bei nasskaltem Wetter

Ergänzungssalz 6/Nr. 18 Calcium sulfuratum Hahnemanni

Kalziumsulfid
Regelpotenz ist D6

• Erschöpfungsmittel
• Ausleitungsmittel

Allgemeines

Besonders geeignet bei abgemagerten Hunden und zur Ausleitung, z. B. bei Metall-vergiftungen. *Calcium sulfuratum Hahnemanni* vermindert Übersäuerungszustände. Weitere Wirkungen sind bisher nicht zuverlässig erforscht.

Wirkungsort/Vorkommen

Haut, Schleimhaut, Drüsen, Muskeln

Wirkrichtung

> entgiftend
> entschlackend
> entsäuernd
> Leber unterstützend
> fördert Haut- und Haarwachstum

Anwendungsgebiete

Starke Abmagerung trotz guten Appetits; Schwäche; Entgiftung, besonders bei Metall-vergiftungen; hartnäckige Hautausschläge; Eiterungen; Asthma

Verbesserungen/Verschlechterungen

> sind nicht ausreichend bekannt

Ergänzungssalz 7/Nr. 19 Cuprum arsenicosum
Regelpotenz ist D12

• Krampfmittel

Allgemeines

Cuprum arsenicosum stabilisiert das Immunsystem, wirkt entkrampfend und fördert den Eisenstoffwechsel. Es unterstützt die Nr. 7, Magnesium phosphoricum, in seiner Wirkung und lässt sich bei Eisenmangel mit Nr. 3 und 17 kombinieren.

Wirkungsort/Vorkommen

Darm, Blut, Schilddrüse

Wirkrichtung

> entkrampfend
> fördert den Eisenstoffwechsel
> immunstimulierend

Anwendungsgebiete

Kolikartige Schmerzen im Magen-Darm-Bereich und in den Harnwegen; Krämpfe; Eisenmangel; Neuralgien; Muskelkrämpfe; krampfartiger Husten; Rhythmusstörungen; Schmerzen; Abwehrschwäche

Verbesserung/Verschlechterung

> Verbesserung durch Trinken von kaltem Wasser und Ruhe
> Verschlechterung durch Hinlegen, Angst und Stress

Ergänzungssalz 8/Nr. 20 Kalium aluminium sulfuricum
Regelpotenz ist D6

- Durchblutungsmittel
- Entspannungsmittel für die Muskulatur

Allgemeines

Kalium aluminium wirkt vor allem entspannend auf die glatte Muskulatur und das vegetative Nervensystem und hemmt die Schweißproduktion. Außerdem hat es eine blutstillende Wirkung, beeinflusst auf positive Weise die Verdauung und unterstützt bei alten Hunden die Merk- und Lernfähigkeit.

Wirkungsort/ Vorkommen

Ableitende Harnorgane, Magen-Darm-Trakt und Atemwege

Wirkrichtung

> wirkt positiv auf Körper, Geist und Seele
> sekretionshemmend
> blutstillend
> adstrigierend
> hemmt die Schweißproduktion
> entspannend
> Gedächtnisschwäche

Anwendungsgebiete

Blähkoliken; Durchfälle; Schleimhautreizungen; Krampfhusten; Konzentrationsstörungen; Blutungen; starkes Schwitzen

Verbesserung/Verschlechterung

> Verbesserung durch Wärme und im Sommer
> Verschlechterung bei Kälte und im Winter

Ergänzungssalz 9/Nr. 21 Zincum chloratum
Zinkchlorid
Regelpotenz ist D6

• Nervenmittel

Allgemeines

Zincum chloratum ist eines der wichtigsten Spurenelemente im Körper. Wenn der Körper unter einem Mangel leidet, kommt es zu einer Reizung des gesamten Nervensystems. Es hilft bei allen Problemen, die mit Juckreiz, Unruhe und Überreizung einhergehen. Außerdem unterstützt es die Bauchspeicheldrüse, hilft so bei Diabetes und steigert die Immunabwehr.

Wirkungsort/Vorkommen

In allen Gewebesäften, im Gehirn und im Rückenmark

Wirkrichtung

> stärkt das Immunsystem und die Nerven, unterstützt die Bauchspeicheldrüse
> sorgt für Balance im Säure-Basen-Haushalt

Anwendungsgebiete

Reizzustände des Nervensystems; Nervenschwäche; Beruhigungsmittel; Krämpfe; stimuliert das Immunsystem; Juckreiz; Diabetes; Haarausfall; Ekzeme; Konzentrationsschwäche; Neigung zu Allergien; körperliche und geistige Schwäche; Altersschwäche

Verbesserung/Verschlechterung

> Verbesserung im Freien, durch Bewegung, beim Essen und durch warme frische Luft
> Verschlechterung durch Geräusche, bei psychischer und physischer Belastung und in Ruhe

Ergänzungssalz 10/Nr. 22 Calcium carbonicum
Kohlensaurer Kalk
Regelpotenz ist D6

• Erschöpfungsmittel

Allgemeines

Calcium carbonicum ist eines der wichtigsten homöopathischen Mittel, ist aber auch in der Schüßler-Therapie eine wertvolle Hilfe bei allen Erschöpfungskrankheiten und in der Rekonvaleszenzzeit.
Außerdem wirkt es auf die Schleimhäute und das lymphatische System.
Es wirkt sehr langsam, aber anhaltend.

Wirkungsort/Vorkommen

Knochen, Zähne, Haut, Schleimhaut

Wirkrichtung

> positive Wirkung auf das vegetative Nervensystem
> regt den Stoffwechsel an, wirkt kräftigend

Anwendungsgebiete

Erschöpfung, körperlich und geistig; Rekonvaleszenz; Krämpfe; Knochen- und Zahnprobleme; mindert Alterserscheinungen; chronische Schleimhautkatarrhe; Abszesse;

Zahnwechsel; Knochenschmerzen; Welpen mit Wachstums- und Entwicklungsstörungen

Verbesserung/Verschlechterung

> Verbesserung durch warme Anwendungen, Liegen und trockenes Klima
> Verschlechterung bei Anstrengung, durch Geräusche, Wetterwechsel, am Morgen,
  bei Kälte, Nässe und Vollmond

Ergänzungssalz 11/Nr. 23 Natrium bicarbonicum
Natriumbicarbonat
Regelpotenz ist D6

• **Entsäuerungs- und Ausscheidungsmittel**

Allgemeines

Natrium bicarbonicum wirkt entsäuernd und hilft so gegen alle Erkrankungen, die mit
einer Übersäuerung einhergehen. Es wird auch als Natron bezeichnet und ist vielen
als Hausmittel gegen Sodbrennen bekannt. Aber genau wie bei Salz Nr. 9 gilt: Finger
weg von Basenpulver zur Entsäuerung! Näheres siehe Salz Nr. 9, Seite 50. Als Schüßler-Salz hingegen bleibt dieser unerwünschte Effekt aus, und der Körper lässt sich mit
Salz Nr. 9 und Salz Nr. 23 sanft entsäuern.
Außerdem hilft es bei Abwehrschwäche, denn ein geschwächtes Immunsystem wird
oft durch einen Säureüberschuss verursacht. Im Blut dient es als Säurepuffer und verhindert so eine Übersäuerung des Blutes.

Wirkungsort/Vorkommen

Leber, Bauchspeicheldrüse

Wirkrichtung

> aktiviert den Stoffwechsel, fördert die Ausscheidung über Niere und Harnwege
> regt die Tätigkeit der Bauchspeicheldrüse (Inselzellen) an
> Säurepuffer, bindet Säuren und neutralisiert sie
> regt die Ammoniakentgiftung der Leber an

Anwendungsgebiete

Übersäuerung; chronische Entzündungen; Diabetes; regt die Tätigkeit der Bauchspeicheldrüse an; Abwehrschwäche

Verbesserung/Verschlechterung

> Verbesserung durch Bewegung
> Verschlechterung durch Sonne, bei Gewitter und durch Zugluft

Ergänzungssalz 12/Nr. 24 Arsenum jodatum
Regelpotenz ist D6

• Hautmittel
• Allergiemittel

Allgemeines

Arsenum jodatum wirkt vor allem auf Lymphsystem, Lunge, Haut. Es wird ähnlich eingesetzt wie Arsenum jodatum und Arsenum album in der Homöopathie. Die Hauptwirkung wird bei Salz Nr. 24 dem giftigen Arsen, das allerdings als Schüßler-Salz in potenzierter Form nicht giftig wirkt, zugeschrieben. Arsen gilt generell als Stärkungsmittel und wirkt positiv auf allergische Erkrankungen im Bereich Haut und Atemwege. Es eignet sich auch hervorragend, um den Körper auf eine Desensibilisierungsbehandlung vorzubereiten. Die Beschwerden bei einem Mangel an Salz Nr. 24 sind besonders auf der rechten Seite zu spüren.

Wirkungsort/Vorkommen

Lymphdrüsen, Haut, Lunge

Wirkrichtung

> stimuliert den gesamten Organismus, abwehrstärkend
> stoffwechselverlangsamend
> knorpelaufbauend
> reguliert die Schilddrüse

Anwendungsgebiete

Nässendes Ekzem; Juckreiz; Allergien der Haut und Atemwege; Lungenerkrankungen, die mit Abmagerung und Schwäche verbunden sind; Asthma; Gelenkerkrankungen; Schilddrüsenerkrankungen; Bronchitis; chronische Entzündung der Schleimhäute

Verbesserung/Verschlechterung

> Verbesserung durch frische Luft
> Verschlechterung durch kalten Wind, kaltes Wetter, geistige Anstrengung, Wärme, kaltes Wasser und bei Bewegung

Ergänzungssalze 25–27

Über die drei letzten Salze ist noch sehr wenig bekannt, im Bereich Hunde so gut wie gar nichts. Der Vollständigkeit halber werden sie aber dennoch kurz beschrieben. Allerdings sollten sie nur von einem erfahrenen Therapeuten angewendet werden.

Salz Nr. 25 Aurum chloratum natronatum D6

Es beeinflusst die natürlichen Rhythmen im Körper wie etwa den weiblichen Zyklus, den Blutdruck und den Schlaf-wach-Rhythmus.
Es wirkt auf die Zirbeldrüse und hat so einen Einfluss auf hormonelle Störungen, es wird auch »Frauenmittel« genannt.

Salz Nr. 26 Selenium D6

Dieses Salz ist ein wichtiges Zellschutz- und Lebermittel. Außerdem wirkt es auf die Schilddrüse und steigert die Entgiftungsleistung der Leber.

Salz Nr. 27 Kalium bichromicum D6

Es wirkt positiv auf die Kohlenhydrat- und Fettverdauung und kann so bei Diabetes und beim metabolischen Syndrom angewendet werden. Darüber hinaus fördert es die Ausheilung von alten Infekten.

Krankheits- und Symptomverzeichnis

Nicht ohne fachmännische Diagnose behandeln

Vor der Anwendung der Schüßler-Salze sollten Erkrankungen immer von einem Tierarzt oder Heilpraktiker abgeklärt werden. Das Krankheits- und Symptomverzeichnis ist nicht dazu gedacht, den Fachmann zu ersetzen oder zu experimentieren, es soll lediglich eine Anregung dazu sein, das oder die richtigen Salze zu finden.

Die richtige Auswahl treffen

Im folgenden Verzeichnis sind in alphabetischer Reihenfolge Oberbegriffe aufgeführt, denen die Krankheiten und Symptome untergeordnet sind. Leidet ein Hund zum Beispiel an Durchfall, findet man dieses Symptom unter dem Oberbegriff Magen-Darm-Trakt, Husten unter Atemwege und Ekzeme unter dem Begriff Haut usw.
Wenn mehrere Salze aufgezählt werden, geben Sie bitte auf keinen Fall alle Salze, sondern wählen Sie, zum Beispiel mithilfe der Mangelzeichen, das oder die richtigen Salze. Sie sollten nie mehr als 3–4 verschiedene Salze geben.
Bevor das Verzeichnis als zusätzliche Hilfe genutzt wird, sollten Sie sich erst einmal mit allen 12 Salzen vertraut machen. Nur so haben Sie einen guten Gesamteindruck und können bei mehreren möglichen Salzen einfacher das oder die richtigen wählen. Im Zweifelsfall oder bei Unsicherheiten kontaktieren Sie bitte immer einen Schüßler-Therapeuten.

Allergien

> siehe Immunsystem

Allgemeines

Abmagerung/Appetitlosigkeit
> Abmagerung ist entweder ein Mangelzeichen oder ein Symptom einer Erkrankung, hier ist die Ursachenforschung sehr wichtig.
> Nr. 1: durch Futterverweigerung
> Nr. 2: bei Schwäche, bei schnell wachsenden Hunden, Mangelzeichen
> Nr. 5: durch Stress, Durchfall
> Nr. 8, 18: trotz guten Hungers
> Nr. 9: durch Übersäuerung, z.B. Magengeschwür
> Nr. 13: durch Schwäche
> Nr. 15: durch erhöhten Stoffwechsel

Alterserscheinungen
> Nr. 11, 15, 21, 22

Eiterungen
> Nr. 6, 9, 11, 12, 18

Entzündungen/Infektionen
> Nr. 3: 1. Phase akut
> Nr. 4: 2. Phase subakut
> Nr. 4, 5, 6, 11: 3. Phase chronisch
> Nr. 6, 9, 11, 12: eitrig
> Nr. 4, 5: mit Schwellung

Fieber
> Nr. 3, 5, 8: allgemein
> Nr. 3, 8: leichtes
> Nr. 5: hohes
> Nr. 7, 8: tritt mit Schüttelfrost auf

Gedächtnisschwäche
Nr. 5: Hauptmittel
Nr. 2, 3, 7, 8, 11: Sonstige je nach Konstitution

Krämpfe
> Nr. 2, 5, 7, 13, 21, 22

Ödeme
> Nr. 4, 8, 10

Schmerzen
> Nr. 3, 7, 19: allgemein

Schwäche
> Nr. 3, 5, 8, 11, 13, 17, 21, 22

Schwitzen
> Nr. 2, 8, 11, 20

Übergewicht
> Nr. 6, 9, 10

Verhärtungen
> Nr. 1, 11
> Salbe Nr. 1, 11

Atemwege

Akuter Husten/Bronchitis
> Nr. 3, 24: zu Beginn oder mit Fieber
> Nr. 4, 24: später
> Nr. 3, 8, 10, 11: trockener Husten
> Nr. 1, 2: bellender Husten
> Nr. 3, 8, 11: Reizhusten
> Nr. 2, 7, 19, 20: Krampfhusten
> Nr. 4, 6, 8, 9, 10: Husten mit festsitzendem Schleim
➜ + ein Salz je nach Beschaffenheit des Auswurfes

Allergischer Husten
> Nr. 2, 3, 4

Asthma/chronischer Husten
> Nr. 2, 4, 6, 10: Hauptmittel
> 13, 18, 22, 24: Nebenmittel
> Nr. 2, 5, 7: Krampfhusten
> Nr. 5, 14: nervös
> Nr. 4, 9, 10: zäher Auswurf
➔ bei Auswurf zusätzlich ein Salz je
nach Beschaffenheit des Auswurfs

Entzündung Kehlkopf/Rachen
> Nr. 1, 2, 3, 4, 5, 6, 7, 9, 11: je nach
   Symptomatik und Auswurf

Nebenhöhlenentzündung
> Nr. 1, 2, 3, 4, 8, 12

Schnupfen
> Nr. 3, 4, 8, 9, 10
> Nr. 6: chronisch

Verstopfter Tränen-Nasen-Kanal
> Nr. 8, 10

Augen

Bindehautentzündung
> Nr. 1, 3, 4, 9, 10, 12: grundsätzlich
> Nr. 3, 4: akut
> Nr. 6: chronisch
➔ + ein Mittel, das sich nach den Absonderungen richtet (wässrig, eitrig etc.)

Chronische Augenerkrankungen
> Nr. 6, 8, 9, 11

Glaukom
> Nr. 4, 7, 8, 11

Gerstenkorn
> Nr. 1, 9, 11

Grauer/grüner Star
> Nr. 1, 4, 5, 8, 9, 11

Linsentrübung
> Nr. 8

Lichtempfindlichkeit
> Nr. 2, 9, 11

Tränendes Auge
> Nr. 8, 10

Trockenes Auge
> Nr. 8, 10

Bewegungsapparat

Arthritis/Gelenkentzündung
> Nr. 1, 2, 3, 4, 7, 9, 11, 12
> Nr. 8, 10: mit Schwellung

Arthrose
> Nr. 1, 2, 6, 7, 8, 9, 10, 11, 12

Bänder
> Salbe Nr. 1, 2, 11
> Nr. 1, 2, 11: Bänderdehnung/
   -verletzung
> Nr. 1, 2, 5, 8, 11: Bänderschwäche
> Nr.1, 11: Bänderverhärtung

Bandscheibenvorfall
> Nr. 1, 2

Blutergüsse
> Nr. 1, 3, 4, 11
> Salbe Nr. 3

Elastizitätsverlust
> Nr. 1, 11

Fissuren
> Nr. 1, 3, 11

Gelenkgeräusche/Knacken
> Nr. 8, 10, 11

Gelenkschmerzen
> Nr. 2, 4, 5, 6, 7, 11
> Salbe Nr. 6

Gelenkerkrankungen
> Nr. 1, 2, 9, 11, 15, 16, 24

Gelenkschwäche
> Nr. 1, 2, 5, 8, 11

Gelenkschwellung
> Nr. 1, 2, 3, 4, 8, 9, 10, 11, 12: je nach
>   Ursache und Akutheit
> Salbe Nr. 8

Hüftdysplasie
> Nr. 1, 2, 11

Krallen
> Nr. 1, 5, 6, 8, 11: schlechte Krallen,
>   spröde, rissig, trocken

Kallusbildung
> Nr. 1, 2, 8, 11, 12

Knochenhautentzündung
> Nr. 1, 3, 4, 5, 6, 11, 12
> Nr. 9, 11, 12: mit Eiterung
> Salbe Nr. 2

Knochenbrüche
> Nr. 1, 2, 3, 9, 11: akut
> Nr. 4: Schwellung
> Nr. 7: Schmerzen
> Salbe Nr. 2

Knochenaufbau
> Nr. 1, 2, 7

Knorpel
> Nr. 5, 8, 11, 12: Aufbau
> Nr. 1, 5, 8, 11, 17: Schäden

Muskelbeschwerden
> Salbe Nr. 3, 5, 7
> Nr. 3, 4: Entzündung
> Nr. 2, 5, 7, 8: Schwäche
> Nr. 3, 5, 6, 7, 8: Muskelkater
> Nr. 2, 5, 7, 9, 19: Krämpfe
> Nr. 1, 2, 3, 5, 7, 8: Muskelriss
> Nr. 2, 5, 7: Schwund
> Nr. 1, 5, 6, 7, Salbe Nr. 1, 7:
>   Verhärtungen
> Nr. 1, 3, 5, 7, 11: Zerrung

Ödeme
> Nr. 4, 8, 10, 13

Prellungen
> Nr. 2, 3, 4, 11
> Salbe Nr. 3
> Nr. 8: mit Schwellung
> Nr. 1: mit Verhärtung

Quetschungen
> Nr. 3, 8, 11
> Salbe Nr. 3

Schleimbeutelentzündung
> Nr. 3, 4, 9, 10, 11
> Salbe Nr. 4

Sehnen/Sehnenscheide
> Nr. 1, 3, 4, 8, 9, 11, Salbe Nr. 4, 9, 11:
  Entzündung
> Nr. 1, 8, 11, Salbe Nr. 1, 9, 11:
  Verhärtung
> Nr. 1, 8, 11: Verkürzung
> Nr. 1, 4, 8, 10, Salbe Nr. 4, 8, 9, 11:
  Schwellung
> Nr. 1, 5, 7, 11, Salbe Nr. 4, 9, 11:
  Zerrung

Überbeine
> Nr. 1, 2, 11
> Salbe Nr. 2

Zerrungen
> Nr. 1, 2, 3, 5, 8, 9, 11
> Salbe Nr. 3

Drüsen

Grundsätzlich
> Nr. 4, 7, 9, 14

Analdrüsenentzündung
> Nr. 1, 3, 4, 11

Eiterung
> Nr. 6, 9, 11, 12

Entzündung
> Nr. 3, 4, 11

Schwellung
> Nr. 4, 9, 11, 12

Schilddrüse
> Nr. 14, 15, 24

Verhärtung
> Nr. 1, 9, 11

Hämatologie/Blut

Blutarmut/Anämie
> Nr. 2, 3, 5, 8, 17

Blutgerinnung (fördernd)
> Nr. 2, 4, 12

Blutungsneigung
> Nr. 2, 12, 17

Aktivierung der Blutkörperchen
> Nr. 2, 3, 11

Eisenmangel
> Nr. 3, 5, 17, 19

Durchblutungsstörungen
> Nr. 2, 3, 4, 10

Haut

Allgemein
> 6, 9, 10, 11, 16, 18

Abszess
> Nr. 6, 9, 22: allgemein
> Nr. 3, 4: Reifeprozess
> Nr. 6, 11, 12: später zum Abfluss
> Nr. 1: verhärtet
> Salbe Nr. 11, 12

Bindegewebsschwäche/ Aufbaumittel
> Nr. 1, 11

Eiterungen
> Nr. 6, 9, 11, 12

Ekzem/Dermatitis

Hier ist die Ursache sehr wichtig: Allergie, Leberschwäche, Stoffwechselprobleme der Haut etc.

> Nr. 6, 9, 10, 11, 12, 21: Haupthaut-
  mittel
> Nr. 8, 10, 24: nässendes Ekzem
> Nr. 2, 5, 6, 7: Juckreiz
> Nr. 2, 6, 7, 24: allergisches Ekzem
> Nr. 6, 17, 18: chronisches Ekzem
> Salben je nach Hauttyp

Erfrierungen

> Nr. 5, 10

Fellwechsel, unterstützend

> Nr. 3, 5, 6, 9, 10, 11

Fettgeschwulst

> Nr. 9, 10, 11

Fisteln

> Nr. 4, 5, 9, 10, 11, 12
> Salbe Nr. 1, 5

Furunkel

> Nr. 1, 9, 10, 11, 12
> Salbe Nr. 5, 9, 11, 12

Geschwüre

> Nr. 11

Haarausfall

> Nr. 2, 5, 7, 8, 11, 21: allgemein
> Nr. 5, 7, 10: kreisrund
> Nr. 9, 11: durch Übersäuerung
> Nr. 8: büschelweise

Hautpilz

> Nr. 1, 4, 8, 10
> Salbe Nr. 8, 10

Hornhaut

> Nr. 1

Juckreiz

> Nr. 2, 5, 6, 7, 8, 9, 11

Narben

> Nr. 1, 4, 11
> Salbe Nr. 1, 11

Nesselsucht

> Nr. 3, 7, 8

Ödeme

> Nr. 4, 8, 10, 13
> Salbe Nr. 8, 10

Pigmentstörungen

> Nr. 6

Talgdrüsenentzündung

> Nr. 3, 4, 9, 11
> Salbe Nr. 8, 9

Verbrennungen/Sonnenbrand

> Nr. 3, 8: grundsätzlich
> Nr. 9, 11, 12: eiternd
> Nr. 8: mit Blasen
> Salbe Nr. 3, 8

Warzen

> Nr. 1, 4, 8
> Salbe Nr. 1, 4

Wunden

> Nr. 3: bei Blutungen
> Nr. 4, 8, 10: mit Schwellung
> Nr. 1, 3, 5, 9, 12, Salbe Nr. 3: schlecht
  heilende
> Nr. 4, 11: wildes Fleisch
> Nr. 6, 9, 11, 12: eiternd

Herz-Kreislauf-System

Arterienverkalkung
> Nr. 1, 2, 7, 8, 9, 11

Durchblutungsstörungen
> Nr. 2, 3, 4, 10
> Salbe Nr. 7

Herzrhythmusstörungen
> Nr. 2, 4, 5, 7, 8, 19

Herzstärkung/Altersherz
> Nr. 2, 5, 7

Kreislaufstärkung
> Nr. 2, 5, 7, 8, 17

Hormonsystem

Abstillen
> Nr. 10

Eileiter- und Eierstockentzündung
> Nr. 3, 4, 5, 12
> Nr. 6: chronisch

Gesäugeentzündung
> Nr. 1, 3, 4, 5, 9
> Nr. 6: chronisch

Fehlgeburt
> Nr. 1, 5, 8: drohende
> Nr. 1, 2, 3, 5, 7, 8: nach einer

Gebärmutterentzündung
> Nr. 3, 4, 5, 6
> ➜ + ein Salz je nach Ausscheidung/Ausfluss

Gebärmuttersenkung
> Nr. 1, 11

Geburt
> Nr. 1, 2, 3, 5, 7: Erleichterung
> Nr. 7: bei Schmerzen
> Nr. 5, 7, 8: Wehenschwäche
> Nr. 1, 2, 3, 7: Vorbereitung, vier
  Wochen vorher mit der Fütterung
  beginnen
> Nr. 1, 3, 11: Rückbildung der Gebär-
  mutter

Hormon regulierend
> Nr. 4, 6

Kastration
> Nr. 1, 3, 4, 5: nach der Kastration
> Nr. 8: bei Ödembildung
> Nr. 3, 5: vorher

Milchproduktion
> Nr. 1, 2, 4, 8, 11: anregend
> Nr. 8: regulierend

Geschlechtstrieb
> Nr. 1: verstärkter
> Nr. 9: vermindert

Hodenschwellung, -verhärtung, -entzündung
> Nr. 1, 3

Prostataentzündung
> Nr. 3, 4, 9

Unterstützend für trächtige Hündinnen
> Nr. 1, 2

Impfungen

Impfreaktion/Vorbeugung einer Reaktion
> Nr. 4, 5, 11

Immunsystem

Immunsystem stärkend
> Nr. 2, 3, 4, 5, 9, 11, 15, 16, 19, 21, 23

Allergien
> Nr. 2, 7, 8, 10, 17, 21, 24
> Nr. 3, 4, 24: Atemwege
> Nr. 5: durch physische Belastung
> Nr. 4, 8: Heuallergie

Leber/Galle

> Nr. 6, 10: Hauptmittel

Gallenblasenentzündung
> Nr. 3, 4, 10

Gallensteine
> Nr. 2, 7, 9, 10, 11

Leberfunktionsstörungen
> Nr. 4, 6, 7, 10, 12

Leberschwellung/-stauung
> Nr. 4, 6, 7, 10

Leberentzündung
> Nr. 3, 4, 6, 10

Lymphsystem

Lymphknotenschwellung
> Nr. 2, 4, 7, 9: allgemein

> Nr. 3, 4, 5, 9: entzündete Schwellung
> Nr. 4: weiche Schwellung
> Nr. 1, 11: verhärtete Schwellung
> Salbe Nr. 1, (wenn verhärtet) Nr. 9

Magen-Darm-Trakt

Durchfall
Auf die Beschaffenheit des Stuhles achten!
> Nr. 2, 3, 4, 6, 8, 9, 20: akut
> Nr. 7: mit Krämpfen
> Nr. 3, 7, 8, 10: schwallartig
> Nr. 5: nervöser

Durchfall/Verstopfung im Wechsel
> Nr. 3, 8, 10

Erbrechen
> Nr. 4: von Schleim
> Nr. 5: nervös bedingt
> Nr. 6: gelblich
> Nr. 8: Wasser, Schleim, Schaum
> Nr. 10: gallig, schleimig

Gasansammlungen im Bauchraum/Blähungen
> Nr. 6, 7, 11: Hauptmittel
> Nr. 7: krampfende/kolikartig
> Nr. 9: durch Übersäuerung/sauer riechend
> Nr. 10, 11: geräuschvoll und häufig

Gastritis
> Nr. 3, 4, 8, 9: grundsätzlich
> Nr. 3, 7: akut
> Nr. 7: mit Krämpfen
> Nr. 5, 8: mit Kräfteverlust
> Nr. 4, 6: chronisch
> Nr. 5: Stress

Koliken
> Nr. 7, 9, 10, 19: allgemein
> Nr. 7: Prophylaxe
> Nr. 5: nervös bedingte Kolik
> Nr. 7, 10, 20: Windkolik

Magen- und Dünndarmgeschwüre
> Nr. 4, 8, 9, 11, 12
> Nr. 5: nervös bedingt

Magen-Darm-Entzündungen/ Magenschleimhautentzündungen
> Nr. 3, 4, 6, 7, 8, 9, 10

Nervöser Magen
> Nr. 5, 7, 8, 9

Verstopfung
> Nr. 4, 7, 8, 9, 10
> Nr. 2: um die Peristaltik anzuregen

Nervensystem

Epilepsie
> Nr. 2, 5

Lähmungen/Lähmungserscheinungen
> Nr. 5, 7, 13
> Salbe Nr. 5, 7

Nervenentzündung/Nervenschmerzen
> Nr. 2, 3, 5, 7, 11, 13, 19
> Salbe Nr. 5, 7, 10

Nervös bedingte Magen- und Darmbeschwerden
> Nr. 5, 7

Niere/Blase/Harnwege

Blasenanregung
> Nr. 8, 10

Blasenentzündung
> Nr. 2, 3, 4, 5, 8, 9, 10, 11, 16: akut
> Nr. 6, 11, 12: chronisch
> Nr. 8, 10: mit Harndrang
> Nr. 9, 11, 12: Urin eitrig
> Nr. 7: mit Schmerz

Blasenkrämpfe
> Nr. 7

Blasensteine
> Nr. 2, 7, 9, 11: Vorbeugung
> Nr. 2, 5, 7, 9, 11: zur Abgangsunterstützung

Blasenschwäche
> Nr. 1, 5 (auch nervös bedingt), 7, 10

Harngrieß
> Nr. 2, 7, 9, 11

Harnwegsentzündungen
> Nr. 2, 3, 4, 5, 8, 9, 12, 16

Harnsäureerhöhung
> Nr. 9, 11, 23

Nierenentzündung
> Nr. 2, 3, 4, 8, 9, 10, 11, 12
> Nr. 5: Fieber
> Nr. 6: chronisch

Nierenstärkung
> Nr. 4, 6, 8

Nierengrieß/Nierensteine
> Nr. 2, 8, 9, 10, 11

Reizblase
> Nr. 3, 5, 7, 9

Rezidivierende/chronische Nieren-, Harnwegs- und Blasenentzündungen
> Nr. 5, 6

Ohrenerkrankungen

Ohrenentzündung
> Nr. 3, 4, 5, 6, 8, 11, 12

Vermehrter Ohrenschmalz
> Nr. 9, 10

Neigung zur Taubheit
> Nr. 6, 11

Geräuschempfindlichkeit
> Nr. 11

Parasiten

Insektenstiche
> Nr. 3, 4, 8
> Salbe Nr. 3, 4, 8

Entwurmung
(nur unterstützend zur tierärztlichen Wurmkur)
> Nr. 3, 5, 8, 9

Psyche

Angst
> Nr. 2, 5, 7

Geistige Erschöpfung
> Nr. 5, 22

Lärmempfindlichkeit
> Nr. 11

Nervös bedingte Erkrankungen
> Nr. 5

Schreckhaft
> Nr. 5, 7, 9, 11

Starke nervliche Belastung
> Nr. 5, 16

Unruhe/Beruhigungsmittel
> Nr. 2, 4, 5, 7, 14, 21

Rekonvaleszenzzeit
> Nr. 2, 3, 5, 8, 10, 11, 22

Stoffwechsel

Ausleitung/Entgiftung
> Nr. 4, 5, 6, 8, 9, 10, 11, 12, 16, 18
> Nr. 4, 8: nach Impfung, Narkose, Medikamente

Ausgleich Säure-Basen-Haushalt
> Nr. 5, 8, 9, 10, 11

Diabetes
> Nr. 5, 7, 8, 9, 10, 23: unterstützend

Fettstoffwechselstörungen
> Nr. 6, 9, 10

Stoffwechselanregend
> Nr. 3, 6, 9, 10, 11

Vergiftungen
> Nr. 4, 5, 8, 10

Welpen/Junghunde

Entwicklungsstörungen
> Nr. 1, 2, 3, 7, 11, 22

Knochendeformierungen
> Nr. 1, 2, 11

Nabelbruch
> Nr. 1, 3, 11

Wachstumsschmerzen
> Nr. 1, 2, 7, 22
> Salbe Nr. 2

Wachstumsunterstützung
> Nr. 1, 2, 11, 22

Zähne

Karies
> Nr. 1, 2, 11

Parodontose
> Nr. 1

Zahnfleischentzündung
> Nr. 3, 4, 5, 12

Zahnvereiterungen
> Nr. 6, 11, 12

Zahnwechsel
> Nr. 1, 2, 22

Zahnaufbau
> Nr. 1, 2, 7, 22

Zahnfleischschwund
> Nr. 1, 5

Fallbeispiele aus der Praxis

Die nachfolgenden Fallbeispiele sollen als kleine Anregung dienen, wie eine Behandlung mit Schüßler-Salzen aussehen kann. Da sich die Schüßler-Salze sehr gut mit anderen naturheilkundlichen Methoden kombinieren lassen, werden in vielen der Beispiele auch andere Therapieformen erwähnt.

Wichtig dabei zu wissen ist, dass die alleinige Gabe von Schüßler-Salzen nicht ausreicht. um einen Hund gesund zu erhalten oder zu machen. Denn auch der Umgang sowie die Lebensbedingungen und Fütterung müssen für den Hund ideal sein. Ein Hund, der schlecht behandelt und/oder gefüttert wird, kann auch durch die Gabe von Schüßler-Salzen nur bedingt geheilt werden.

Da jeder Fall und jeder Hund anders sind, ist es sehr wichtig, auf die Individualität der Salze und Salztypen zu achten. Denn je genauer die Salze ausgewählt werden, umso besser wirken sie. Aber schon mit ein bisschen Übung lassen sich die richtigen Salze schnell finden, und im Zweifelsfall besteht ja die Möglichkeit, einen Schüßler-Therapeuten hinzuzuziehen.

Fallbeispiel Salz Nr. 1

Benji, ein ca. 6 Jahre alter Golden-Retriever-Mix-Rüde, wurde völlig verwahrlost und fast verhungert im Tierheim abgegeben. Als seine neuen Besitzer ihn zu sich nahmen, war er zwar schon durch die intensive Pflege im Tierheim in einem besseren Gesamtzustand, hatte aber immer noch massive gesundheitliche Probleme. Seine Bänder waren durch die mangelnde Bewegung sehr schwach und seine Pfoten durchtrittig. Er hatte Liegestellen an den Ellenbogengelenken, die stark verhornt und rissig waren. Psychisch war Benji sehr labil und ängstlich. Sobald seine neuen Besitzer etwas lauter mit ihm sprachen, erschrak er und unterwarf sich sofort. Auch mit dem Fressen tat er sich anfangs sehr schwer und nahm nur langsam zu. Benji bekam Salz Nr. 1 als Hauptmittel, außerdem noch Nr. 2, Nr. 11 und Nr. 5. Neben den Schüßler-Salzen bekam er noch eine Bach-Blüten-Mischung und begann mit dem Training in einer Hundeschule.

Sein Zustand besserte sich im Laufe der nächsten Wochen, langsam, aber beständig. Heute, 10 Monate später, ist Benji ein fröhlicher, gesunder, gut genährter und aufgeschlossener Hund, der nur noch ganz selten ängstlich reagiert. Die Liegestellen sind verschwunden und seine Bänder und Sehnen haben sich wieder gefestigt.

Fallbeispiel Salz Nr. 2

Luzie, eine 1 Jahre alte Jack-Russell-Hündin, brachte ihre Besitzer fast an den Rand eines Nervenzusammenbruches. Sie hatten die Hündin mit 6 Monaten vom Züchter bekommen und versuchten seitdem, alles richtig zu machen. Luzie war ein fröhlicher Hund, der immer und ständig beschäftigt werden wollte. Sie stand immer unter Strom und wirkte nervös. In der Hundeschule schaffte sie es nicht, sich zu konzentrieren, und hörte dadurch auf die wenigsten Kommandos. Beim Spazierengehen hüpfte sie meist bellend um ihre Besitzer herum und musste an der Schleppleine laufen, weil sie so schlecht hörte. Im Herbst letzten Jahres schlüpfte sie bei einem Spaziergang blitzschnell aus dem Halsband und rannte weg. Als ihre Besitzer sie 20 Minuten später vor ihrer Haustür fanden, hielt Luzie die linke Pfote hoch und konnte nicht mehr auftreten. Eine Untersuchung beim Tierarzt bestätigte den Verdacht ihrer Besitzer: Die Pfote war gebrochen. Eine Katastrophe für die kleine Hündin! Mit Gips und der Aufforderung zur Ruhe ging es vom Tierarzt nach Hause. Luzie bekam zur Unterstützung Salz Nr. 2, Nr. 1 und zwei homöopathische Mittel, die bei der Heilung helfen sollten. Schon nach wenigen Tagen wurde die Hündin merklich ruhiger und die Sorgen der Besitzer, ihren kleinen Wirbelwind nicht ruhig halten zu können, waren unbegründet. Luzie entspannte sich im Laufe der Wochen sichtlich und auch der Bruch heilte sehr schnell und gut aus. Die Hündin bekam Salz Nr. 2 noch weitere 3 Monate gefüttert. So wurde aus Luzie eine immer noch temperamentvolle, aber durchaus umgängliche und nicht mehr völlig überdrehte Hündin.

Fallbeispiel Salz Nr. 3

Askja, eine 3-jährige Huskyhündin, hatte zur Freude ihrer Besitzer keinen Jagdtrieb, und so konnte sie ihr Frauchen regelmäßig auf Ausritten mit deren Pferd begleiten. Im Oktober letzten Jahres ritt Askjas Besitzerin mit einer Stallkollegin aus und die temperamentvolle Hündin war natürlich mit dabei. Eine plötzlich durch die Luft wehende Plastiktüte erschreckte das Pferd der Stallkollegin, und es machte einen Satz zur Seite. Dabei landete einer der Hufe aus der Pfote der Hündin. Eine offene Wunde war nicht zu erkennen, aber die Pfote schwoll rasch an und die Hündin konnte kaum noch laufen. Zum Glück waren sie nur noch einige Meter vom Stall entfernt und Askja schaffte es bis dorthin. Ihr Frauchen kühlte die Pfote sofort mit Wasser und gab der Hündin Salz Nr. 3 in 15-minütigem Abstand. Nach dem Kühlen schmierte sie die Pfote mit Salbe Nr. 3 ein und fuhr zum Tierarzt.

Die Pfote war zum Glück nicht gebrochen, Sehnen und Bänder waren unverletzt, sie hatte lediglich eine starke Prellung und einen Bluterguss.
Der Tierarzt riet, die Pfote weiter zu kühlen, und gab Askjas Frauchen ein Schmerzmittel mit, falls sich der Zustand verschlechtern sollte. Die Hündin bekam weiter Salz Nr. 3 und zusätzlich Salz Nr. 7 gegen die Schmerzen. Außerdem machte ihre Besitzerin ihr kühlende Retterspitzumschläge und rieb die Pfote anschließend erneut mit Salbe Nr. 3 ein. Schon nach einigen Stunden ging die Schwellung zurück und am nächsten Tag konnte Askjas schon wieder auftreten. Das Schmerzmittel benötigte sie nicht.

Fallbeispiel Salz Nr. 4

Finchen, eine sehr ruhige, etwas rundliche Cockerhündin, hatte immer wieder Probleme mit Schnupfen und Husten.
Im letzten Herbst erwischte es sie besonders stark. Aus ihrer Nase kam reichlich weißer zäher Schleim geflossen und sie wurde immer matter. Ein Besuch beim Tierarzt ergab, dass sie unter einer starken Bronchitis litt. Sie bekam Antibiotika und die Bronchitis besserte sich nach einigen Tagen. Einige Wochen später erkrankte Finchen erneut und das Frauchen der Cockerhündin entschied sich, neben dem wieder vom Tierarzt verordneten Antibiotikum die Hündin auch naturheilkundlich zu behandeln. So bekam Finchen Salz Nr. 4 und einige Heilkräuter. Die Erkältung verschwand nach wenigen Tagen und der Hündin ging es wieder gut. Um eine neue Infektion zu verhindern, erhielt sie die Kräuter weitere 4 Wochen und 8 Wochen lang Salz Nr. 4. Bis heute kam es zu keinem Rückfall mehr und die rundliche Hündin hat sogar etwas abgenommen.

Fallbeispiel Salz Nr. 5

Pino, ein zweijähriger Jagdhundmischling aus Spanien, hatte in seinem bisherigen Leben nicht viel Gutes erlebt. Seine Besitzer übernahmen ihn mit 8 Monaten von einer Tierschutzorganisation. Pino war sehr ängstlich, ließ sich kaum anfassen und schnappte sogar, wenn er sich bedroht fühlte. Seine Besitzer versuchten, den jungen Rüden mit viel Geduld an alles Mögliche zu gewöhnen, vor allem an fremde Menschen. Pinos Verhalten besserte sich zwar im Laufe der Zeit, dennoch gab es immer wieder Situationen, in denen er völlig panisch wurde. Der Rüde bekam Salz Nr. 5 und eine Bach-Blüten-Mischung über 6 Monate lang gefüttert. Schon nach wenigen Tagen besserte sich sein Verhalten, er war weniger ängstlich und näherte sich auch mal selbstständig fremden Menschen. Heute, 6 Monate später, ist Pino wesentlich selbstbewusster und nur noch selten ängstlich, seine Panikattacken sind komplett verschwunden.

Fallbeispiel Salz Nr. 6

Winnie Pooh, ein 4-jähriger Golden-Retriever-Rüde, hatte immer wiederkehrende Hauterkrankungen, mal war es ein Hautpilz, mal eine schlecht heilende Wunde. Seine Haut und sein Fell waren trocken und schuppig und gerade im Fellwechsel verlor er büschelweise Haare und hatte viele kahle Stellen. Seine Besitzer entschlossen sich nach einigen erfolglosen Therapieansätzen, es mit Schüßler-Salzen zu versuchen. Winnie erhielt die Salze Nr. 6 und Nr. 11 über einen längeren Zeitraum. Nach einigen Wochen besserten sich seine Haut und das Fellbild. Die Haut war nicht mehr so trocken und das Fell begann zu glänzen. Der Rüde erhielt die beiden Salze noch weiterhin, bis der nächste Fellwechsel vorbei war. Dieser Fellwechsel war seit Langem der erste, der normal ablief und Winnie keine Löcher im Fell bescherte. Auch die nächsten Fellwechsel verliefen völlig normal und Winnie bekam keinen Hautpilz mehr.

Fallbeispiel Salz Nr. 7

Ben, ein 3-jähriger Border-Collie-Rüde, stand eigentlich immer unter Spannung. Er schlief meist sehr schlecht und träumte wild. Sobald seine Besitzerin auch nur den kleinen Finger bewegte, reagierte der Rüde und sprang auf. Ben machte für sein Leben gerne Hundesport und lief jeden Tag mit am Fahrrad, aber trotz dieser Auslastung wirkte er immer noch unterfordert. Darüber hinaus hatte er immer wieder Probleme mit seiner Rückenmuskulatur, sie war verspannt und behinderte den agilen Hund in seinen Bewegungen. Er wurde physiotherapeutisch betreut und zum Teil durfte der Rüde mehrere Tage nicht trainieren, um seinen Rücken zu schonen. In diesen Phasen war er emotional sehr belastet und begann seine Pfoten zu lecken und aufzubeißen, um den Druck abzubauen. Ben erhielt Salz Nr. 7 zu Anfang als »Heiße Sieben«, später 3-mal täglich als Tabletten. Schon nach wenigen Tagen wurden seine Verspannungen im Rücken besser. Nach einigen Wochen veränderte sich auch sein Wesen, er wurde ruhiger, schlief besser durch und konnte auch mal entspannen.

Fallbeispiel Salz Nr. 8

Lissy, eine 4 Jahre alte Mischlingshündin, hatte immer wieder Probleme mit wässrigem Durchfall und war dadurch sehr dünn geworden und geschwächt.
Ein vom Tierarzt angefertigtes Blutbild zeigte keine auffälligen Werte und eine schulmedizinische Behandlung gegen den Durchfall half nur kurz.
Ihr Verhalten war eher abweisend und sie war sehr unmotiviert. Außer dem Durchfall bemerkten ihre Besitzer noch andere Symptome: Lissy trank sehr viel, hatte extrem trockene Haut und hin und wieder tränende Augen.
Die Hündin bekam Salz Nr. 8 und einige Kräuter gegen den Durchfall.
Schon nach wenigen Tagen besserte sich der Durchfall und nach zwei Wochen war er

völlig verschwunden. Vier Wochen später war der Durchfall nicht wiedergekommen, die Hündin hatte etwas zugenommen und ihre Haut war nicht mehr so trocken. Außerdem fiel ihren Besitzern auf, dass sie nicht mehr so oft trank wie vorher und auch allgemein viel agiler war.

Fallbeispiel Salz Nr. 9

Rudi war sauer: Dem kleinen, sehr rundlichen Mops passte es gar nicht, dass seine Besitzer eine kleine Mopshündin vom Züchter geholt hatten. Der 3-jährige Rüde begann in der Wohnung zu markieren und erbrach in Stresssituationen gallig und sauer riechend. Er verließ kaum noch sein Körbchen und wenn seine Besitzer ihn herausnehmen wollten, schnappte er nach ihnen. Die kleine Hündin ignorierte er, soweit es ging. Rudis Besitzer entschlossen sich, den Rüden zu kastrieren, doch leider brachte auch dies keinen Erfolg. Rudi markierte weiterhin und war genauso bockig wie vorher. Er verließ sein Körbchen nur zur Fütterungszeit und wurde dadurch immer dicker. Rudi bekam Salz Nr. 9 und eine Bach-Blüten-Mischung, außerdem besuchte er zusammen mit der neuen Mopshündin die Hundeschule. All diese Maßnahmen bewirkten, dass sich das Verhalten des Rüdens langsam änderte. Er wurde wieder zugänglicher und aktiver, nach einigen Wochen begann er sogar mit der Hündin zu spielen und im Laufe der Zeit speckte er ordentlich ab.

Fallbeispiel Salz Nr. 10

Henry, ein 4 Jahre alter Basset-Rüde, war faul, sehr verfressen, aber trotz seiner Faulheit ging er sehr gerne spazieren.

Nichts war vor seiner Fressgier sicher, bei Spaziergängen mussten seine Besitzer immer darauf achten, dass er nicht irgendwo etwas verschlang. Leider gelang das oft nicht, Henry war einfach zu schnell. Im Herbst letzten Jahres hatte der Rüde wieder einmal innerhalb von Sekunden etwas in seinem Maul – es handelte sich leider hierbei um einen Köder mit Rattengift. Seinem Besitzer gelang es zwar noch, ihm diesen abzunehmen, aber einen kleinen Teil hatte der Rüde bereits geschluckt. Mit Vergiftungserscheinungen kam er in die nahe gelegene Tierklinik, wo er ein paar Tage stationär betreut wurde. Henry erholte sich zum Glück schnell, doch seine Leberwerte waren auch nach einigen Wochen immer noch deutlich erhöht. Um seine Leber zu unterstützen, bekam der Rüde Nr. 10 und Nr. 6, außerdem Mariendistel und Artischocke. Die Leberwerte besserten sich daraufhin sehr schnell und auch Henrys Wesen veränderte sich. Sein Fressverhalten wurde viel gemäßigter, und so können seine Besitzer heute sorgenfrei mit ihm spazieren gehen.

Fallbeispiel Salz Nr. 11

Die ehemalige Zuchthündin Shiva wurde mit 10 Jahren im Tierheim abgegeben. Der Zustand der Schäferhündin war zu diesem Zeitpunkt sehr schlecht, ihr Körper war stark von diversen Trächtigkeiten gezeichnet. Ihr Fell war struppig, ihr Gesäuge und ihr Bauch hingen stark herunter und ihre Gebärmutter hatte sich gesenkt. Psychisch war sie sehr ängstlich und sensibel und ließ sich nur ungern anfassen. Sie musste die einfachsten Dinge wie Autos, Spazierengehen, Leine, Halsband etc. mühsam kennenlernen. Zur Unterstützung bekam die Hündin die Salze Nr. 11, Nr. 5 und Nr. 1. Außerdem wurde sie mit Aromaölen und Bach-Blüten behandelt und arbeitete regelmäßig mit einer Hundetrainerin. Mit der Zeit begann Shiva etwas aufzutauen und wurde ihrer Pflegerin gegenüber immer zugänglicher.

Da die Vermittlungschancen für sie aufgrund ihres Alters und ihres immer noch sehr sensiblen Wesens sehr schlecht standen, entschied sich ihre Pflegerin, sie zu sich zu holen. Heute, ein Jahr später, ist Shiva zwar immer noch sensibel, aber nicht mehr ängstlich und auch ihr körperlicher Zustand hat sich stark gebessert. Ihr Bindegewebe hat sich gefestigt, der Bauch und das Gesäuge hängen nicht mehr und auch die Gebärmuttersenkung ist fast vollständig verschwunden.

Fallbeispiel Salz Nr. 12

Ludwig, ein 8 Jahre alter Bernhardiner, fraß plötzlich sehr schlecht und verweigerte sein Futter zum Teil sogar komplett. Ein Besuch beim Tierarzt ergab, dass er einen vereiterten Zahn hatte und das gesamte Zahnfleisch stark entzündet war. Der behandelnde Tierarzt entschied sich, den Zahn zu ziehen. Trotz Antibiotikagabe und wöchentlichem Spülen der Wunde eiterte das Zahnfleisch weiter und die Entzündung ging nicht zurück.

Ludwig hatte deshalb weiter Schmerzen, fraß schlecht und magerte sichtlich ab. Zusätzlich zur schulmedizinischen Behandlung bekam der Rüde die Schüßler-Salze Nr. 6, 11 und 12. Außerdem wurde das Maul täglich mit Salbeitee gespült. Nach 2 Wochen Behandlung wurden die Entzündung und auch die Eiterung viel besser, nach 4 Wochen war alles verheilt und Ludwig kann nun wieder schmerzfrei fressen.

➜ ACHTUNG: Eiterungen sind prinzipiell immer erst von einem Tierarzt zu behandeln, alle naturheilkundlichen Therapien sollten nur unterstützend eingesetzt werden.

Schüßler-Hausapotheke

Prinzipiell ist es gut, alle 12 Salze parat zu haben, so hat man für fast alle Erkrankungen das passende Mittel. Besonders für die Hausapotheke bewährt haben sich:

> Salz Nr. 3: Akutmittel bei allen infektiösen Erkrankungen, Verletzungen, Entzündungen etc.
> Salbe Nr. 3: bei akuten Verletzungen, wie Prellungen, Blutergüssen Zerrungen
> Salz Nr. 4: bei allen entzündlichen Erkrankungen, die älter als 3–4 Tage sind, Husten
> Salbe Nr. 4: bei Entzündungen aller Art
> Salz Nr. 5: bei physischen Belastungen, hohem Fieber
> Salz Nr. 7: Verspannungen, Muskelkrämpfe, Schmerzen
> Salbe Nr. 7: Verspannungen, Muskelkrämpfe, Schmerzen
> Salbe Nr. 8: Insektenstiche, Schwellungen
> Salz Nr. 10: Ausscheidung bei z. B. Vergiftungen

Literaturverzeichnis

Bartelmeyer, Friedrich: Dr. Schüßlers Biochemie. Selbstverlag, Freiburg 1993

Dr. med. vet. Becker, Jochen: Was fehlt denn meinem Hund? BLV Verlag, München 2010

Eichler, Dieter: So folgt mein Hund mit Freude. BLV Verlag, München 2008

Feichtinger, Thomas; Mandl, Elisabeth; Niedan-Feichtinger, Susana: Handbuch der Biochemie nach Dr. Schüßler. 4. Auflage, Haug Verlag, Stuttgart 2006

Haag, Gaby: Das koche ich meinem Hund. 45 Rezepte für gesundes Futter. BLV Verlag, München 2011

Haiduk, Vistara: Die 15 Ergänzungssalze in der Schüßlertherapie. Knaur, München 2008

Harnisch: Die Schüßler Mineraltherapie. Turm Verlag, Bietigheim, 1996

Kellenberger, Richard; Kopsche, Friedrich: Mineralstoffe nach Dr. Schüßler. Bechtermünz Verlag, 2003

Kreiselmeier, Kaja: Schüßler-Salze für Pferde. BLV Verlag, München 2011

Kreiselmeier, Kaja: Pferde gesund und vital durch Heilkräuter. Müller Rüschlikon, Stuttgart 2008

von der Leyen, Katharina: Das Welpenbuch. BLV Verlag, München 2009

Dr. med. Schüßler, Wilhelm Heinrich: Eine abgekürzte Therapie, 1. Auflage, Schulzesche Buchhandlung, 1874

Theby, Viviane; Heinemann, Hilke: Das Kosmos Welpenbuch. Der gute Start ins Hundeleben, Kosmos, Stuttgart 2004

Über die Autorin

Kaja Kreiselmeier, Jahrgang 1980, hat eine dreijährige Ausbildung zur Heilpraktikerin absolviert. Nebenbei bildete sie sich in den Bereichen Schüßler-Salze, Blutegel, Heilpflanzen, Akupunktur und anderen Naturheilverfahren im Bereich Tiere fort.
Sie hat eine eigene Praxis für Mensch und Tier im Rhein-Main-Gebiet und ist außerdem als Autorin und Dozentin tätig. Ihr eigener Hund »Schlingel« ist ein Zwerggrauhaardackel, mit dieser Rasse ist sie groß geworden und den Dackeln immer treu geblieben.
www.naturheilpraxis-kreiselmeier.de
info@naturheilpraxis-kreiselmeier.de

Bibliografische Information der Deutschen Nationalbibliothek
Die Deutsche Nationalbibliothek verzeichnet diese Publikation in der Deutschen Nationalbibliografie; detaillierte bibliografische Daten sind im Internet über http://dnb.d-nb.de abrufbar.

BLV Buchverlag GmbH & Co. KG
80797 München

© 2011 BLV Buchverlag GmbH & Co. KG, München

Umschlaggestaltung: Kochan & Partner, München
Umschlagfoto: Sandra Hoffmann/Edition Boiselle

Lektorat: Dr. Friedrich Kögel, Dr. Marion Ónodi
Herstellung: Angelika Tröger
DTP: Uhl + Massopust GmbH, Aalen

Gedruckt auf chlorfrei gebleichtem Papier

Printed in Italy
ISBN 978-3-8354-0859-3

Hinweis — Das vorliegende Buch wurde sorgfältig erarbeitet. Dennoch erfolgen alle Angaben ohne Gewähr. Weder Autorin noch Verlag können für eventuelle Nachteile oder Schäden, die aus den im Buch vorgestellten Informationen resultieren, eine Haftung übernehmen.

Die Tipps der Profi-Hundetrainer

Enrico Lombardi/Thomas Böhm
Der perfekte Familienhund
Geballte Kompetenz, tolle Fotos, flotter Schreibstil:
das DogCoach-Team™ berät · Alles über Hundehaltung
in der Familie – von Auswahl über Erziehung bis Pflege ·
Mit Tests »Welcher Hund passt zu mir?« und »Bin ich ein
guter Rudelführer?«
ISBN 978-3-8354-0808-1